欧荣生诗文集

听涛

欧荣生 著

文化艺术出版社

序·听涛

千里江河，无边海洋，千年流逝、万载翻滚的波涛，融进日月，汇入群星，吸纳凡尘，承载着人间的喜怒哀乐、自然界的风风雨雨、天地间的万物错动。波涛的壮观、波涛的力量、波涛的律动、波涛的不羁、波涛的豪放、波涛的坚持，波涛那与地相连与天相接的气概——观之叹之、听之思之……

人生十八，英气与无畏，头上顶着海军帽、飘着金锚飘带，身上穿着海魂衫，注定是海天人一色。迟暮之年，伫立江边，抚今忆昔，溯江求源，冒出了"水系文化"的概念。穿越万水千山，立万顷波涛之上；居天地百姓之间，不依不恋万物景色，而只顾孜孜不倦地前行。忆昔日的战火，听今日的渔歌。一路走来，伴随着涛声——江涛、海涛、浪涛、波涛、松涛、沙涛、人海涛声……观之无言，听之无语，唯有心声，跃然纸上，融进天地！

波涛中的漩涡、波涛中的涟漪、波涛中的浪花、波涛中的涓流、波涛中的水滴，折射着阳光，辉映着万物，吐纳着灵气，奏出了万和之音——听见了吗？听懂了吗？！

2012 年 10 月 6 日

目录

潮韵

胜利航行	3
南岛春夜	4
忆游星湖	5
练兵场上见锋芒	6
念奴娇·凌云壮志	7
忆秦娥·怀念毛主席	8
印记	9
大浪淘沙	10
雨后新景	11
云端高路	12
十天感言	13

- 向着二〇〇〇 …… 14
- 夜航之辉 …… 15
- 从戎南疆 …… 16
- 孤舟独进 …… 17
- 寄语航标 …… 18
- 我伴长缨镇边关 …… 19
- 望海潮 …… 20
- 露亭思 …… 21
- 读《三下福州望夫还》有感 …… 22
- 勤勉 …… 23
- 满江红·从军歌 …… 24
- 「八一」风采 …… 25
- 我们心中的国防 …… 26
- 母子情深 …… 28

望海潮·热血铸军魂 ... 29

烈日辉映着战士阳刚之美
——端州区预备役部队阅兵训练观感 ... 30

星湖神韵 ... 32

星湖颂 ... 33

跨越世纪的长城 ... 35

当明月升起的时候
——电视专题片《情系军营》主题歌 ... 37

历史永远铭记的时刻
——抗击西江特大洪水有感 ... 39

光明使者
——肇庆路灯公司之歌 ... 41

雪山上的丰碑 ... 43

让生命有一段当兵的历史 ... 44

汐音

蓝天再辉煌 ... 45

新的战场再冲锋
——赞肇庆市"十佳复退转业军人" ... 46

音乐梦
——贺中国旅游风光歌曲（广东·肇庆）推广研讨会 ... 47

端州之歌 ... 51

共创美好的端州 ... 52

千秋史册颂长征
——纪念红军长征胜利60周年感怀 ... 53

贺五中校庆 ... 55

乡亲汇聚庆回归 ... 56

回归颂	57
——端州区1997年『庆七一 迎回归』文艺晚会主题歌	
百花园题诗	58
赞朱昆荣等三勇士	59
中华民族赞	60
『方大气动』之歌	61
这里别有天地	62
水调歌头·赴三水市采风感怀	63
法治之歌	64
法治的端州	65
党旗飘飘	66
——纪念中国共产党成立80周年	
贺端州区人武部『三喜』临门	67
为了一方净土	68

爱心永恒 … 70

西江欢腾 廉政新篇 … 71

相聚金秋 … 72

百年辉煌
——肇庆市一中百年校庆即兴吟诵 … 73

神奇的肇庆 … 74

鼎湖山泉清又纯 … 74

青春飞扬
——贺端州区五四征文三十周年纪念活动 … 76

走进肇庆古村落 … 77

创意无限德业基
——贺肇庆文化创意大厦签约 … 78

满目青翠
——贺广宁第四届竹子节 … 80

岭南一岛	82
南国红豆展新枝——肇庆市粤剧团建团五十周年感怀	83
砚都翰墨——贺市弘艺书画院成立	84
寒梅秋露——送曾超鹏书记履职记怀	85
中秋吟	86
古郡文博——有感于市博物馆2010年度工作回顾	87
舞起来	88
辞岁	89
粤剧奇葩	90
梅庵香雪	91

水之歌	92
咏春传奇	93
崇敬情怀	94
守护党旗	95
彪炳粤剧——为李秋元从艺二十一载而作	96
岭南文脉	97
江山永固	98
幸福肇庆	99
咏春传奇	100
扶贫号角	101
名家画悟	102
思母	103

砚都风流——中国砚都·端砚文化村动工典礼致贺 105

《钟馗》入京 106

肇庆名城古今传 107

龙年赏梅 108

如雪 109

中国最美绿道 110

携手共聚 111

心景 112

托举哥，邓雄飞！ 113

端城吟 115

亚铝之光 116

肇庆「八景」 117

- 空降农民
  ——赞贾东亮 … 118
- 东亮
  ——写给贾东亮的歌 … 119
- 文化使者 … 120
- 砚都大书屋
  ——肇庆市图书馆新馆孔圣人铜像揭幕暨砚都笔捐赠仪式志庆 … 121
- 豪迈浩致 … 122
- 花开他乡 … 123
- 脱下军装我还是个兵
  ——电影《梦想庄园》主题歌 … 124
- 白菜 … 125
- 庄园梦
  ——在广宁『八一』生态农场过党日活动 … 126

蓝瑶之夜
——参加蓝瑶乐队青年音乐会即兴吟诵 … 127

百姓平安 … 128

长安之路 … 129

禅缘
——纪念禅宗六祖慧能端州插梅嗣后圆寂1300周年感悟 … 130

奇伟的肇庆 … 131

涛声

蚁 … 135

我的战友 … 138

一件小事 … 141

小雨中的回忆 … 143

天涯游记 … 145

夜，静悄悄	147
恢宏的气势　细腻的笔触	
——《大决战·辽沈战役》观后感	149
千呼万唤总理归	
——《周恩来》观后感	152
林彪三"吃"黄豆的心态	
——《大决战·辽沈战役》片断赏析	155
路，应该自己走	157
最后一个军礼	158
音容宛在　精神永恒	160
从「防治『非典』」想到「源头治腐」	162
清心为治本　政绩耀千秋	
——包公兴治端州的故事	165
陪孩子读书的感觉真好	178

- 血性军人 180
- 谢志峰先生铜像碑记 181
- 科学与文化——一双腾飞的翅膀 183
- 全力推进文化产业大发展 187
- 古端名砚精选之序 190
- 文化迎春春意浓 193
- 幸福肇庆（散文诗） 195
- 文化创意凸显时空转换 205
- 怀宝迷邦今何求？ 211
- 砚石诗魂——为《历代端砚诗赋广辑及注释》而写 213
- 升腾的龙年文化 215
- 水文化浸润肇庆更璀璨 217

端砚丹青缘一手 220

「中国梦」蕴含着魅力无限的「文化梦」 222

潮韵

胜利航行

我第一次穿着海军服,乘海轮"红卫三",前往海南海军航空兵某部……

滚滚高天何见岸?
茫茫南海巨浪翻!
胜利航行红卫三,
海鸥击水添征帆。

于南海·甲板
1976年2月25日清晨

南岛春夜

举目望星群,
低头思故井。
海南春光好,
家乡月更明。

于陵水
1975 年 3 月 9 日

忆游星湖

击桨划清波,
七星讴壮歌。
少年多奇志,
飞越万漩涡。

于陵水
1976年4月19日

练兵场上见锋芒

迎着东方发白的霞光，我们来到了练兵场——
看吧！一个个威舞英健的战士，精神抖擞，志气高昂；
听吧！一阵阵洪亮的杀声，震彻大海高山。
怀着党和人民的嘱托，我们刻苦认真地训练；
肩负保卫祖国的重任，我们英勇顽强地战斗。
练兵场上当战场，杀声震天敌胆寒。
烈日暴晒，汗水淌身，
我们革命的战士无惧艰难，我们伟大的军队披靡所向。
"世上无难事，只要肯登攀。"
团结排万难，志坚定移山，
革命战士心向党，紧握钢枪保江山。
红星闪闪放光辉，练兵场上见锋芒。

于新兵连
1976年5月

念奴娇·凌云壮志

江河东去,
浪翻滚,莫测风云世界。
一颗红星照征程,
战士满腔热血。
提高警惕,保卫祖国,
誓把豺狼灭。
倒江翻海,风雷中显豪杰。

久有壮志凌云,
恶魔何惧,敢扳蛟龙角。
跃上青天怀抱月,
急下蓝洋捉鳖。
破雾穿云,劈波斩浪,
电光击长夜。
苍海瀚阔,凭飞舟猛前跃。

于陵水
1976 年 6 月

忆秦娥·怀念毛主席

悲歌壮,
寰球濒裂山河晃,
山河晃。
月方显色,
巨星蓦降。

主席伟业千秋亮,
人民自把乾坤掌。
乾坤掌。
英灵永立,宏图新展。

于陵水
1976 年 9 月

印记

一

两束寒光扫夜幕，驱车跑道扬尘土。
蓦见草丛蹿小兔，众人同声喊捉捕。

二

一脚刹车未蹬牢，一人骤然门外跳。
失足跌地损皮膏，猎物未擒反自糟。

三

伤疤易好痕难灭，苦楚虽过志不谢。
花繁色杂恐荆棘，谦逊诫己不掉列。

于机场
1977年1月24日

大浪淘沙

大江东去浪淘沙,
革命真理开红花。
爱国儿女一腔血,
唤起救亡众万家。
鼠辈屈膝步洋人,
蹂躏江山袭中华。
烈胆忠魂信马列,
星星之火燃天下。

电影《大浪淘沙》观后感
1977 年 4 月 16 日

雨后新景

雨散云移清新景，
浴涤银带更晶莹。
喜观战鹰矫健容，
何惧豺狼凶兽性。

于机场

1977 年 4 月 18 日

云端高路

白云缭绕盘山中，
蓝天开敞广宇空。
战鹰翱翔万里程，
云端高路赛天公。
月明宜依秋色朗，
塔崽难却奠基功。
消防战士承重任，
克尽厥职何光荣。

于陵水机场
1977年5月6日 午

十天感言

迎朝晖，披晚霞；
风身去，漉汗归。
十天筑路现新规，
耐寻基土水汗飞。
荡藤越涧相知力，
栽花感花时落泪。
革命因需全力赴，
挥杆到底不略微。
孤胆一身天涯渡，
独悔才疏智学卑。

于场务连
1977 年 5 月 8 日至 18 日修公路运水简记

向着二〇〇〇

　　红日照碧海，战舰破浪来，千山吐绿翠，祖国花盛开。那绿翠的千山啊——人民劳动的结晶，它象征着中华民族伟大的智才！那美丽的鲜花啊——正像那奔流的江水，汹涌澎湃，是烈士的鲜血怒放红彩！

　　回想过去——江山受害，穷苦人民更是悲哀，饱含千年苦水，历尽万载辛灾。强盗欺压，怎能忍耐。团结一心，定灭狼豺。

　　欣看今朝——幸福时代，昌盛繁荣，兴旺一派。

　　人民的革命事业，一日千里；祖国大地，百花盛开！

　　工业战线，频传捷报；农业生产，喜获丰收；科技教育，硕果累累；红色江山坚不可摧。啊！北国雪皑皑，南疆飘虹彩。江山竞妖娆，英雄好气概。

　　飞奔吧！时代的列车，向着二〇〇〇！前进吧！英雄的人民，向着二〇〇〇——用我们勇敢的智慧，去征服座座高山；用我们勤劳的双手，去开拓美好的前景；用我们辛勤的汗水，浇灌出绚丽的鲜花！啊！革命的事业一定胜利，前程更加豪迈！美好的明天必定到来！

改于场务连
1978 年 3 月

夜航之辉

繁星点缀望无边,
灯火交织彩练天。
借得银光三宝剑,
邀来皎月四方仙。

于外场供应队

1978 年 4 月 21 日

从戎南疆

梦游南国数春秋,
花落花开万景楼。
未卸盔甲更宝剑,
犹添战马赛轻舟。

于场务连
1979 年 7 月 1 日

孤舟独进

茫茫浩海无边际,
我有孤舟破巨澜。
莫教绵情牵肠肚,
碧波映照万船帆。

1980 年 9 月 28 日

寄语航标

夕阳西下，海风习习侵衣。蔚蓝色的海洋渐渐变得暗淡、漆黑。远处时隐时现着一盏小灯，啊！航标！我的目光突然明亮起来：多少回看见你，情景交触，催人泪下！……你沐浴阳光，饱经风雨；你无声地屹立，导引航行。也许，会有人觉得你孤独、寂寞，可你却那么自信，那么岸然！

有人迷恋城市的霓虹灯，也有人喜欢山村的篝火。可在这无边的大海，你就是我最诚实的伴侣！风送千帆过，灯照万人心！诚实的航标啊，知落多少行人泪?！别了，航标。山高水流长，海阔情更长！风，更紧了。夜空挂起了一弯镰月。……

于南海潮汐
1980年10月12日农历九月初四

我伴长缨镇边关

边塞一觚辞岁酒,
邀来将士话春寒。
清溪浩海常常断,
岳嶂峦峰岁岁连。
战铠征尘轻掸去,
小驹枥下怨羁缰。
春风化作青龙剑,
我伴长缨镇边关。

于陵水新兵连
1980 年 12 月 31 日夜

望海潮

凭栏极目，丹霞波碧，
寻吾哪处归家。
一叶扁舟，清晨雾霭，
依依远送琼崖，
独自拂青发。
羽毛放飞箭，蹄铁生花，
指日章节，
问何多变缘奇哗！

如临万里红沙。
配银盔甲胄，宝剑光华。
千里解差，十车箭弩，
惊魂噩梦群鸦。
凶吉问子牙。
热血通肝腑，怀抱金瓜。
奏凯班师有期，
南国放奇葩。

1981 年 4 月 29 日晨

露亭①思

桥上亭中歇,
思乡情更切。
惠州匆匆行,
还望湾中月。

于惠州西湖明月湾
1981年5月11日上午

---

① 此亭建于桥上,环于水中。在此一歇,星湖六景又浮于眼帘;思乡之情,油然生起。

读《三下福州望夫还》有感

1983年9月23日夜静读《羊城晚报》9月22日第3版登载《三下福州望夫还》一文，感触颇深，一呵数句。

三下福州望夫还，
一片真心胜如丹。
鹤鸣雁过空一人，
洁身自爱誉青山。
芳华已去志犹存，
红颜虽老风韵长。
海峡两岸相垂泪，
化作彩桥渡情郎。

于琼州海峡南岸

勤勉

1984年3月28日成立南航写作组,我为其一成员。田政委布置任务,其中要赋诗一首。吾揣度多时,得此《七律》一首。

青山绿水总相依,
自古勤劳智慧奇。
春雨催开花万朵,
秋风送来百果实。
雄才自古多磨难,
志士从来少迤迤。
学海茫茫应无岸,
勤读苦练是舟楫。

满江红·从军歌

红叶秋风,军号响,
征途坦荡。
热血儿,参军卫国,
赤诚肝胆。
父母兄长齐相送,
亲朋好友共相勉。
守边疆,建设铁长城,
同心愿。
风送爽,战歌唱;
星月闪,山河壮。
看出征战士,凯歌嘹亮。
何惧海疆浪千顷,
更喜关山万重嶂。
绿营中,战士共情谊,
军威壮!

原载1986年11月10日《端州报》

"八一"风采

你像北斗,在黑夜中闪闪发光。是你点燃了南昌的烽火,驱散了重重迷雾,神州大地迎来了黎明曙光!

你像战旗,在沧海中劈波斩浪。是你捍卫着祖国的尊严,赶走了"巨鲸恶鲨",茫茫沧海映出了美丽的红霞。

你像钢刀,在长空中划出闪电。是你震慑了强盗的肝胆,击溃了"空中霸王",华夏青天腾起了金色的彩练……

原载1987年8月1日《端州报》

我们心中的国防

当太阳升起在东方地平线上,当五星红旗在华夏蓝天飘扬,春风复苏着广袤而干渴的田野,绿色的梦又回到子龙的故乡……

多少代人的思索,多少代人的探求,啊!是两千七百万烈士用他们的鲜血换来了中华民族的独立。啊!是几百万共和国军人用他们的默默奉献捍卫着中华民族的尊严。

九百六十万平方公里的土地上,一万八千公里的海岸线上,一排排年轻壮实的身躯,筑起了一道道绿色的屏障。

具有五千年文明历史的古国,曾经受了一百多年践踏的河流山川,一颗颗滚烫而富于幻想的心,思考着长城的现在和未来——那就是,我们心中的国防。

国家的安宁离不开战士,军人的奉献岂止在战场!昔日辽河的洪水冲走了多少件绿色军装,大兴安岭的烈火烤焦了多少张英俊的脸庞,更加难忘的是,象征着文明与进步的京城,留下了共和国卫士用血和泪写成的诗行……

于是,年轻的一代终于理解了新中国的夏明翰;于是,后方的青年终于看到八十年代的黄继光。从此,出现了千里联谊两地书;从此,传出了摩天大楼与猫耳洞的悄悄话。

一位战士发出了铮铮誓言:"为了祖国安宁,我愿血洒南疆!"一位学生道出了我们共同的心声:"为了强大的国防,我愿随时听从祖国的召唤!"我们永远不能忘记旧中国的耻辱,我们时刻要警惕帝国主义对中国的颠覆妄想。

长江、长城、黄山、黄河，共同呼唤，齐声呐喊：让我们共同建设强大的国防！让共和国的旗帜高高飘扬！

原载《国防教育导报》创刊号、
1990年1月15日《端城报》

母子情深

一

当你还是"幼苗"的时候,
我每天都为你"浇水";
我不企求分享你的甜蜜果实,
只希望你快快长大,
长得正直,
经得住风吹雨打……

二

孩儿面颊的红润,
是母亲丹心的映照;
你为孩儿洒遍了甘露,
却让自己历尽了风霜。
如今孩儿长大成人,
愿为母亲去寻觅益寿的仙泉……

原载 1990 年 6 月 5 日《端城报》,
收入中国妇女出版社出版《母子情深——献爱心贺词集粹》

望海潮·热血铸军魂

百年风雨,千秋肝胆,
中华万众英灵。
遭受铁蹄,山河破碎,
神州夜夜嚣尘。
烽火南昌城。
铁流战旗猎,鲜血征程。
草地冰山,
断崖泸定,鸟悲鸣……

千军万马驰骋。
看红星闪闪,照耀京城。
忠勇为民,红心向党,
三军将士逞英。
青春献边庭。
险患军人上,生死何惊。
浩浩凌云壮志,
热血铸军魂!

原载 1990 年 8 月 5 日《端城报》

烈日辉映着战士阳刚之美
——端州区预备役部队阅兵训练观感

如火的八月，

似焰的九月，

热浪中，有一叶宁静的"绿洲"；

风烟里，有一片萌动的"绿洲"！

宁静的绿洲是战士坚如磐石的身躯。

萌动的绿洲是军人骤起雄风的步履！

立正——钢铁之师的风范；

正步——威武之师的铁流！

一小时立正纹丝不动，百米正步像要踏平地球！

强度与难度磨炼了人的意志，时间与汗水穿透了坚硬的地壳……

沉甸甸的皮鞋磨破了脚跟，严实实的钢盔闷热着头颅。

每天八小时吸收着强紫外线，每分钟三十七滴汗水顺枪托淌流……

往日的"小白脸"不见了，阅兵方队展现着草绿与黑黝黝。

钢枪与凝聚的目光一同闪亮，枪膛指向狼烟乍起的天外，子弹隔着弹匣倾听战士的心声，金星与徽章点缀着战士博大的胸怀。

烈日下，辉映着战士阳刚之美；

风烟中，飘逸着军人坚毅的风采！

啊，静谧的星湖岸边，曾托起多少绿色的遐想，又留下多少绿色的诗行……

啊!奔腾的西江河畔,昔日"铁军"的摇篮,正崛起预备役部队的钢铁营盘!

原载《国防教育导报》1991年第10期、

1991年10月4日《端城报》

星湖神韵

像茫茫星海,像轻轻雾霭,
像颗颗明珠夺目璀璨,像方方宝石纷呈异彩。
星岩,你瑰丽多姿,万千仪态;
星湖,你柔美多情,风韵常在。
巉岩黛石铭刻着岁月情怀,
绿水碧渡荡漾起春潮澎湃。
山青水秀人善美,
风和日丽情满怀。
今天,四方宾客慕名而来,
今天,旅游业的盛会在这里召开。
我们仿佛看到了北国白雪皑皑,
我们仿佛听到了雁塔晨钟隐约传来,
我们仿佛领略到泰山的雄伟气派,
我们仿佛目睹了华山的绝壁险隘。
我们仿佛站在漓江中的竹排,
我们仿佛流连在天坛内外。
……今天,你们的到来,给星湖增添了新的光彩,
明天,你们的智慧和才干,将使星湖迈向新的时代!

星湖颂

一

你从天宇飘来,仿佛女娲绝妙安排;
你把星辰移来,莫非追寻神奇天籁?
你让大地隆起,恰似仙女迷人姿采;
你把海潮引来,俨然观音净瓶倒开。
你拥有千层峰峦,你展现万顷波海。
啊,星湖,你的芳名亘古常新!
啊,星湖,你的风姿永放光彩!

二

昔日苍天主宰,七座岩峰披上玉带;
今朝大地生辉,十里湖畔变成金脉。
元帅题诗写匾,千万游人攀仰摩崖;
人民筑堤建亭,万株垂柳轻拂雾霭。
听松涛百鸟争鸣,看碧波千舟竞快。
啊,星湖,你的芳名亘古常新;
啊,星湖,你的风姿永放光彩!

三

这里山青水秀，文人墨客万千感慨；
这里欢歌笑语，宾客游人无限畅快；
这里荷花艳丽，恍如瑶池再放异彩；
这里灯火辉煌，好像银河落地重开。
观旭日万道霞光，赏明月千般情怀。
啊，星湖，你的芳名亘古常新；
啊，星湖，你的风姿永放光彩！

1993 年 8 月

跨越世纪的长城

在中华大地,

在山的脊梁,

蜿蜒屹立着巍峨的长城。

她饱含了人间沧桑,

她经历了血雨腥风,

她是民族的骄傲,

她是胜利的象征。

啊,无数炎黄子孙的热血,筑起了跨越世纪的长城!

啊,亿万中华儿女的爱心,凝聚成跨越世纪的长城!

看国际风云,

念边关绿营,

我们再造心中的长城。

你履行了国防义务,

她献给了军营爱心,

你们勇敢地战斗,

我们做坚强后盾。

啊,无数炎黄子孙的热血,筑起了跨越世纪的长城!

啊,亿万中华儿女的爱心,凝聚成跨越世纪的长城!

《跨越世纪的长城》为端州区 1993 年"国防之声"卡拉 OK 大赛主题歌。发表在 1994 年 6 月 3 日《肇庆教育报》、1994 年 8 月 11 日

《肇庆荧声报》等。1994年获中国首届"聂耳杯"音乐作品大赛铜奖。获广东省国防教育办1993年"国防之声"卡拉OK大赛创作奖。相继收入《全国老师声乐作品荟萃》和《当代教师优秀歌曲选》两本歌曲集。

当明月升起的时候
——电视专题片《情系军营》主题歌

当明月升起的时候，
爱河里泛起粼粼光波，
军人的妻子眺望着远方，
军人的情怀紧系着祖国。
她给军人奉献了爱心，
全心全意孝敬着公婆；
她为军人抚养着孩子，
肩负重任无愧地工作。
月光下，不能耳鬓厮磨，
她唱出心中的情歌，
她寄去了遥远的祝福，
照片上留下微笑的梨窝。

当明月升起的时候，
大地上闪烁万家灯火，
军人的母亲思念着儿子，
战士的钢枪在手中紧握。
她让儿子铭记着叮咛，
报国之情在军营远播；
她为儿子披上戎装，

战士机警地放哨巡逻。
月光下,何来天伦之乐?
她甘愿艰辛与寂寞,
她希冀着远方的爱子,
军功章挂在母子的心窝。

此为肇庆电视台1994年摄制的电视片《情系军营》主题歌,广东电视台于1994年8月4日播出。发表于《西江文苑》1995年第1期。获广东省文化厅1994年全省业余文艺作品评选三等奖、肇庆市文化局1994年全市业余群众歌曲创作评选一等奖。

历史永远铭记的时刻
——抗击西江特大洪水有感

历史永远铭记的时刻
风暴夹着雷电劈向江岸
骤雨骑着狂涛涌进西江
十三米六二　这百年一遇的特大洪峰
冲毁了堤坝、田埂、土墙
滔滔洪水吞没了大片村庄
吞噬了万顷良田
人们在呼救　人们在哭喊
人们在诅咒洪魔的暴虐、凶残
历史永远铭记的时刻
端州党政军民紧急动员
各行各业全力以赴
车流人海汇集堤岸
搬石头、垒沙包、夯木桩、堵漏洞
护险堤、清险障　抗洪大军日夜奋战
保护着国家财产和人民生命安全
景福大堤安然无恙
端州城池固若金汤
历史永远昭示着未来
滔滔江水带着人们的呐喊

带着灾区群众的热泪
带着抗洪大军的汗水
滚滚东流
景福围、江滨堤路
以其昔日的雄姿和今天的辉煌
锁住大江
这一浩大的工程
凝聚了端州人民的心血
展现了肇庆建设的成就
昭示着未来——
人们应该如何迎战
变幻莫测的大自然
让我们各界人士
携手共进、再造辉煌

原载1994年9月23日《端城报》

光明使者
——肇庆路灯公司之歌

璀璨的华灯，是我们心愿的萌动。
美丽的古城，辉映着不眠的夜空。
长夜的街中，到处是温馨乐融融。
啊！我们是光明的使者，为道路驱散灰暗与朦胧。
我们用智慧的钻石，划破那遥远的夜空；
我们让理想的光芒，穿透那深邃的苍穹！
流彩星星灯，是我们心血的奔涌。
擎天的灯杆，经得起骤雨和狂风。
路灯工人，奉献在春夏与秋冬。
啊！我们是光明的使者，为夜幕架起了美丽的彩虹。
我们用智慧的钻石，划破那遥远的夜空；
我们让理想的光芒，穿透那深邃的苍穹！
闪烁的霓虹，使人们心声相连通。
如画的晚空，映出了宾客的笑容。
辉煌的前程，展现新世纪的长虹。
啊！我们是光明的使者，为星空升腾起金色的游龙。
我们用智慧的钻石，划破那遥远的夜空；
我们让理想的光芒，穿透那深邃的苍穹！

此歌是专门为肇庆市路灯公司而作的企业歌曲，发表于1995年

5月25日《肇庆荧声报》、1995年7月15日《西江报》。参加中国音乐家协会、音乐周报社等举办的"世纪之声全国歌曲大赛",获银奖。

雪山上的丰碑

喜马拉雅山为你低首,
雅鲁藏布江为你呜咽,
青藏高原留下你的足迹,
各族人民怀念你的音容。
孔繁森,孔繁森!
你是干部的楷模,
你是优秀的党员,
你是雪山上的丰碑,
你是高原的忠魂。
浓情融注在冈底斯山,
热血激奋着雪域藏民,
世界屋脊展现新的蓝图,
中华大地响起时代强音。
孔繁森,孔繁森!
像你那样的奉献,
我们勤奋地工作,
我们永远地前进。
你是干部的楷模,
你是优秀的党员,
你是雪山上的丰碑,
你是高原的忠魂。
孔繁森,孔繁森!

让生命有一段当兵的历史

让生命有一段当兵的历史,用青春去探寻人生的真谛。
当年华进入了多彩的花季,在军营焕发出绿色的神奇。
直线加方块使队伍整齐划一,三点成一线让子弹不偏不倚。
艰苦磨炼使我们坚强无比,当兵的历史是人生难忘的历史。
让生命有一段当兵的历史,用热血来捍卫飘扬的军旗。
当华灯照亮了美丽的夜空,是军人保卫着祖国大地。
严格纪律锻炼出钢铁战士,如火岁月更难忘战斗集体。
奉献拼搏使人生更有意义,当兵的历史是人生辉煌的历史。

首次发表于1995年10月14日《西江报》,后发表于广州军区《南疆影视》、《肇庆文化》1998年10月号、1999年8月24日《西江报》;获广东省文化厅1998年全省业余文艺作品评选三等奖、肇庆市文化局1998年全市业余文艺作品评选一等奖。

蓝天再辉煌

8月21日下午,我区民兵高炮分队,在海丰鲘门靶场参加全省高炮实弹射击考核中,击落航模拖靶三个,其中直命中一个,取得了继1993年击落两个拖靶以来,又一次辉煌的成绩。在8月21日下午召开的庆功大会上,笔者感奋万分,即兴赋诗一首。

海峡风云起,南粤战鼓擂。
军民齐努力,炮兵显神威。
"敌机"狂妄为,必定成炮灰。
蓝天再辉煌,祖国山河美。

原载1995年9月8日《端州报》

新的战场再冲锋
——赞肇庆市"十佳复退转业军人"

戎马疆场展雄风,
立志报国建奇功。
青春韶华献军营,
丹心一片映山红。
解甲再上新征途,
矢志不忘老传统。
建功立业为四化,
新的战场再冲锋!

原载 1995 年 11 月 3 日《端州报》、
1996 年 1 月 16 日《西江日报》

音乐梦
——贺中国旅游风光歌曲(广东·肇庆)推广研讨会

北回归线绿明珠,

南国古城砚都风。

高山流水遇知己,

音乐托起中国梦。

2013 年 9 月 17 日

汐音

端州之歌

七星璀璨耀端州,千年名城竞风流。
历史长河显辉煌,湖光山色织彩绸。
端州啊端州,美丽的端州。
团结务实好作风,负重奋进不停留,
艰苦拼搏建伟业,争创一流齐奋斗!
春风化雨绿端州,科教兴区创名优。
文明之花结硕果,光辉前程披锦绣。
端州啊端州,美丽的端州。
团结务实好作风,负重奋进不停留,
艰苦拼搏建伟业,争创一流齐奋斗!

1996 年 6 月

共创美好的端州

群山环绕着翠绿原野,西江伴随着岁月奔流。
星湖荡漾起金色遐想,荷香引来了硕果金秋。
端州啊端州,风景如画,山青水秀,千年的古城,美丽的端州。
你为华夏文明增添异彩,你让端砚的瑰宝,流传神州!
古城焕发出年轻活力,大地崛起了林立高楼。
捷报传遍了大江南北,端州展现出时代风流。
端州啊端州,百业兴旺,万民奋斗,共同建设,美好的端州。
我们团结务实,负重奋进,我们艰苦拼搏,争创一流!

1996 年 4 月

千秋史册颂长征

——纪念红军长征胜利 60 周年感怀

朋友,当你翻开沉甸甸的《辞海》,一幅"中国工农红军长征图"便映入你的眼帘。当你翻阅那部涉猎浩繁的《20 世纪中国全纪录》,一篇篇再现血与火的长征战报会震撼你的心灵!

星星点点,延延绵绵;字字句句,铁铁凿凿。那是中国工农红军战士,用赤诚的心,用殷红的血,挥洒的一条殊死鏖战的道路;那是千千万万颗红星,光芒四射,摧枯拉朽,彪炳千秋的万里长征路!让我们回顾那一幕幕扣人心弦的片断吧——

血染湘江

红军全力渡湘江,敌人封锁逞凶狂。

红军损失三万五,血流成河泪惊天。

负重行军向西域,敢问苍天知何难?

茫茫前路何尽头?中央纵队十里长。

指路明灯

遵义会议挽狂澜,红军前进有方向。

蒋匪军阀共合围,终是徒劳空一场。

天险追兵何所惧,红军都是钢铁汉。

主席用兵真如神,挥师北上渡长江。

勇士流芳

大渡河中掀巨浪,十七勇士掏铁胆。

泸定桥上铁索寒,红军战士敢悬攀。

枪林弹雨映红天,革命英雄志更坚。

粉碎狂言破屏障,红军声威震四方!

红旗飘舞

越过茫茫大草地,翻越高高冰雪山。

进逼要隘腊子口,攻克天险踏岷山。

悬崖陡壁飞身过,云海松涛如踏浪。

红旗漫卷舞东风,旭日初升红满天!

原载 1996 年 9 月 27 日《端州报》

贺五中校庆

参加肇庆市第五中学二十八周年校庆,气氛热烈,感触良多,即兴吟诵。

秋光荏苒鹏程展,
五中桃李天下扬。
二十八载沐春风,
展望未来更辉煌!

原载 1996 年 10 月 25 日《端州报》

乡亲汇聚庆回归

1997年4月26日晚,港澳肇庆市同乡会邀家乡端州区领导陈端书记一行及各邑同乡会汇聚香港,举行"庆祝香港回归暨同乡会十一周年纪念联欢大会"。其时,香城酒楼灯火辉煌,场面热烈,形式活泼,欢欣鼓舞!笔者有感而发,即席吟诵。

高朋云集聚香城,千言万语表心声。
风雨同舟十一载,西江水长桑梓情。
一国两制开先河,肇港经济共繁荣。
精诚团结谱篇章,携手迈向新里程!

原载1997年5月1日《端州报》

回归颂
——端州区1997年"庆七一 迎回归"文艺晚会主题歌

百年沧桑,泪洒香江,东方之珠在何方?
家仇国难,土地割让,南海之滨掀狂浪。
啊,香港,香港!
一个世纪留下的感叹,祖国母亲长久的盼望……
山在欢呼水在歌唱,迎接回归的香港;
血脉相连,欢聚一堂,东方之珠披霞光。
牡丹飘香紫荆争艳,展现时代的盛装;
我们携手,繁荣香港,美好明天充满阳光。
啊,香港,香港,你是令人神往的地方。
啊,香港,香港,你将创造更大的辉煌!
啊,你将创造更大的辉煌!

原载1997年6月28日《西江日报》

百花园题诗

1997年8月26日,广东省文学艺术界联合会艺术家采风团莅临端州。省文联党组副书记、音乐家蔡时英,著名电影艺术家张良(电影《董存瑞》主角),著名诗人张永枚,女高音歌唱家段岭等十多人,在市、区领导的陪同下到百花园采风并作即兴表演。著名诗人张永枚为百花园题诗,我随即步原韵和诗。

云天翻飞思绿荫,风浪飘泊盼安宁。
蜂鸣蝶舞闻欢笑,百花园中归来人。

——张永枚

百花艳丽依绿荫,万民福祉享安宁。
艺术奇葩同绽放,共享空间①岭南人。

——欧荣生

原载1997年9月5日《端州报》

---

① 现代居住理念为人人共享空间。

赞朱昆荣等三勇士

1月10日，端州区宝月派出所保安队队长朱昆荣和保安员吴金成、钟勇宽，为维护人民群众利益，与四名歹徒顽强搏斗，擒获劫匪。搏斗中，朱昆荣、吴金成不幸中刀，鲜血流淌在大街上……

勇斗歹徒三卫士，
为民除害立新功。
挺身浴血歌可泣，
端州文明又春风。

原载1998年3月6日《端州报》

中华民族赞

奔腾的黄河水,屹立的中国人,
巍峨的长城,凝集了中华民族魂。
神州大地,繁衍着东方巨龙的根;
沧桑岁月,磨炼出坚强的炎黄子孙。
中华民族,中华民族,
创造了五千年文明,为人类的历程,弹出东方神韵。
五洲四海,牵动着中华儿女的心;
蓝天白云,带去了母亲的祈祷声音。
中华民族,中华民族,
有一个共同的心声,用智慧和汗水再造东方文明。

"方大气动"之歌

神奇的气流,能驱动机器高效运转,
精优的产品,在现代领域不断拓展,
气动应用,变化万端,
气动科技,前景无限,
方大,方大,方大,方大事业永向前,
方大,方大,方大,开拓进取勇登攀。

方兴未艾,充满阳光;大展鸿图,创造辉煌。队伍有士气,定能够战胜一切困难;企业争名气,是我们大家共同心愿。不断开发,瞄准市场,严格把关,优质生产。

方大,方大,方大,方大事业永向前,
方大,方大,方大,开拓进取勇登攀,
方兴未艾,充满阳光;大展鸿图,创造辉煌。

1998 年夏

这里别有天地

这里别有天地,星星来到这里,
星光化作七堆山①,月色映照仙女的美丽。
这里别有天地,山水总是相依,
千年流传动人的故事,波涛伴随青春的笑意。
你知道这是哪里?你是否到过这里?
这就是人间的仙境,
她就像天上的瑶池。

1998 年秋

---

① 七堆山,比喻肇庆七星岩。

水调歌头·赴三水市采风感怀

月照三江水,
白鹭上青天。
秋重霜浓时节,
"花界"觅荷香。
曲韵悠扬舞榭,
翰墨长留彩练,
艺术映丹青。
文塔辉天地,
世代出良贤。
三江水,奔大海,起波澜。
春风荡漾原野,盛事广流传。
"魔水"① 名扬世界,
网络信息似箭,
教育敢超前。
生态新规划②,文明谱新篇。

原载 2000 年 10 月 27 日《端州新闻》

---

① "魔水"即健力宝。
② 此为三水市的发展战略之一。

法治之歌

西江洪流奔腾向前,端州大地洒满阳光。
依法治国策略英明,法治精神广泛弘扬。
普法教育是思想的基础,执法责任使百业更兴旺。
政务公开是人民的呼唤,民主决策是人民的愿望。
服务基层最受欢迎,服务群众最大荣光。
经济建设稳步推进,社会事业不断发展。
西江洪流奔腾向前,端州大地洒满阳光。
依法治国策略英明,法治精神广泛弘扬。
依法行政使工作更规范,依法办事使百姓更舒畅。
参政议政是人民的权利,改革发展是人民的期望。
"十五"计划描绘蓝图,两个文明我们共创。
端州人民同心同德,新的世纪更加辉煌。

此为肇庆市依法治市工作会议专题文艺晚会《法治之春》主题歌。作于 2001 年 1 月

法治的端州

法治的端州,明媚阳光到处都有。
法治的端州,政务公开群众无忧。
法治的端州,民主管理共同遵守。
法治的端州,各行各业更上层楼。
啊!法治的端州啊!
迈向现代化的端州!

党旗飘飘
——纪念中国共产党成立 80 周年

每一次看见党旗，心中激起滚滚思潮；
每一次看见党旗，心中感到无比自豪；
每一次看见党旗，理想信念不会动摇；
每一次看见党旗，就像太阳光辉照耀。
啊，党旗飘飘，是你映红了南湖波涛。
啊，党旗飘飘，你让星星之火熊熊燃烧。
每一次看见党旗，眼前出现新的目标；
每一次看见党旗，信心百倍斗志更高；
每一次看见党旗，不畏艰险不辞辛劳；
每一次看见党旗，憧憬未来更加美好。

啊，党旗飘飘，我们实践着"三个代表"。
啊，党旗飘飘，祖国繁荣富强江山更牢。

2001 年 6 月

贺端州区人武部"三喜"临门

端州区人武部两位主官把武装事业作为一种理想信念，同心同德，并驾齐驱，使武装工作全面建设驶上快车道，各项工作取得佳绩，被省军区评为"先进人武部"、"先进党委"、"一对好主官"，特赋诗祝贺。

一对好主官，合力干武装。
铁肩挑重担，丹心为国防。
拳拳报国志，铮铮男儿情，
时刻记嘱托，再创新辉煌。

原载 2002 年 2 月 8 日《端州新闻》

为了一方净土

为了一方净土
你走了一条难走的路
为了一方净土
你吃过别人没吃的苦
任凭山高路远水险
挡不住你前进的脚步
任凭风雨冰雪雷电
改不了你神圣的追逐
可亲可信可敬的纪检监察干部
维护着法纪尊严义无反顾
可亲可信可敬的纪检监察干部
为了党的事业忠诚守护
为了一方净土
你危险时刻挺身而出
为了一方净土
你名利面前总是让步
人说你是一把利剑
一身豪气铮铮铁骨
人说你是一棵绿树
带来了春天的祝福
可亲可信可敬的纪检监察干部

维护着法纪尊严义无反顾

可亲可信可敬的纪检监察干部

为了党的事业忠诚守护

  本人作词,王启超、施惠德谱曲,同名歌曲在"2005年全国反腐倡廉歌曲征集大赛"六万多首歌曲中脱颖而出,获全国二等奖(首位);获"2005年广东省反腐倡廉歌曲创作"金奖(首金);并以此歌名作为广东省廉政文艺晚会主题歌。原载2005年7月5日《西江日报》;收入中央纪委编辑出版的专题歌曲集。

爱心永恒

同在蓝天下　同在大地中
博爱共和谐　人人心相通
你问一声好　我道一句安
大家身体安康　人间欢乐融融
爱是奉献　爱是永恒
爱是太阳　爱是月亮
只要你真诚奉献　鲜花就是你的笑容
只要你真诚奉献　幸福就在你的心中
只要你真诚奉献　爱心就会永恒

同在蓝天下　同在大地中
博爱共和谐　人人心相通
你出一把力　他捐一元钱
无论富有贫穷　人间真情最重
爱是奉献　爱是永恒
爱是太阳　爱是月亮
只要你真诚奉献　鲜花就是你的笑容
只要你真诚奉献　幸福就在你的心中
只要你真诚奉献　爱心就会永恒

2007 年 6 月

西江欢腾　廉政新篇

2008年6月12日，西江河畔欢声笑语，广西梧州市纪委会议室里喜气洋洋，广东省肇庆市纪委（监察局）与广西壮族自治区梧州市纪委（监察局）、封开县纪委（监察局）与苍梧县纪委（监察局），分别就两市（县）建立市际、县际纪检监察工作区域协作签订协议，就两地共同关心的反腐倡廉、区域协作等方面工作进行了交流。为庆贺这激动人心的历史时刻，肇庆市纪委副书记欧荣生和苍梧县县委常委、纪委书记张俊祺分别赋诗以纪念。

西江欢腾

欧荣生

一衣带水源流长，两地合作真无量。
同心协力步步高，共谋发展路更宽。

梧肇签约有感

张俊祺

风正气清国运昌，梧肇纪检情谊长。
两江河畔共欢笑，廉政建设谱华章。

原载封开县纪委网站，发布时间为2008年6月19日

相聚金秋

相聚金秋,肇庆欢迎你,
宝鼎为你祈求好运,星湖为你带来灵气,
西江为你送来滚滚财源,龙母保佑你有健康的身体。
金秋,给我们美好时光;
金秋,令我们如虎添翼;
金秋,让我们共同收获;
金秋,使我们欢欣如意。
远方的朋友,请把肇庆作为你的家园,
远方的朋友,肇庆是你事业成功的福地。
相聚金秋,肇庆感谢你,
相聚金秋,肇庆祝福你。

2008 年 10 月

百年辉煌
——肇庆市一中百年校庆即兴吟诵

百年教育唤春风,
同铸辉煌建奇功。
辛勤园丁育桃李,
莘莘学子攀高峰。
一以贯之抓教育,
中天事业四海通。
科学发展向未来,
共创佳绩再圆梦。

2008 年 12 月 28 日
与景龙合作

神奇的肇庆

神奇的肇庆,七仙女美丽的身姿在这里展现;
神奇的肇庆,丝绸之路在这里连接海岸线;
神奇的肇庆,龙母守护着千条江河万顷良田;
神奇的肇庆,六祖智慧传播华夏圣殿。
肇庆,吉祥在这里开始;
肇庆,喜庆从这里延绵……

神奇的肇庆,负离子生态圈凸现在北回归线;
神奇的肇庆,中西文化这里是最早交汇点;
神奇的肇庆,百越之地让岭南文化孕育发祥;
神奇的肇庆,秀美山川谱写新的诗篇。
肇庆,吉祥在这里开始;
肇庆,喜庆从这里延绵……

神奇的肇庆,丹顶鹤黑天鹅依恋这美丽家园;
神奇的肇庆,四海宾朋常来到仙境七星岩;
神奇的肇庆,能使创业者如鱼得水如日中天;
神奇的肇庆,和谐安宁万民幸福康健。
肇庆,吉祥在这里开始;

肇庆,喜庆从这里延绵……

2009 年 7 月 29 日初稿
2009 年 9 月 5 日二稿
2009 年 9 月 14 日三稿

鼎湖山泉清又纯

穿越地球北回归线,只有一个生命绿洲。

四千种珍奇树木,生长在亚热带气候。

鼎湖山泉四季不断,形成长年温润暖湿的气流。

岭南名刹的钟声,让山鹰振翅抖擞。

飞水潭瀑布的呼唤,令远方客人向往这负离子之首。

啊!鼎湖山泉,从群山峰谷向这里穿流;

啊!鼎湖山泉,向四面八方送去健康的源流。

鼎湖山泉清又纯,人人喝了乐悠悠。

亚洲最大水生产线,技术领先高人一筹。

工厂里严格管理,产品检测一丝不苟。

鼎湖山泉名扬四海,因为乘上科学发展的方舟。

质量品牌是生命,让我们铭记心头。

多倾听顾客的心愿,是企业发展的方向和动力源头。

啊!鼎湖山泉,从群山峰谷向这里穿流;

啊!鼎湖山泉,向四面八方送去健康的源流。

鼎湖山泉清又纯,人人喝了乐悠悠。

2009 年 11 月 18 日

青春飞扬

——贺端州区五四征文三十周年纪念活动

五四征文三十年，
青春飞扬铸宏篇。
万千赤子圆一梦，
文坛功力堪无边。
西江水长海相连，
端州今日更欢颜。
百舸争流珠三角，
文化引领逆势牵。

2009 年 11 月 19 日

走进肇庆古村落

走进肇庆古村落
这里曾经上演过精彩一幕
走进肇庆古村落
这里曾经有过辉煌时刻
古村落啊古村落
有过多少忧愁多少欢乐
孕育了多少代人
垒起了多少个窝
存放过多少担谷
烧旺过多少个锅
走进肇庆古村落
这里曾经上演过精彩一幕
走进肇庆古村落
这里曾经有过辉煌时刻
古村落啊古村落
传出多少悲泣多少欢歌
送出了多少才子迎来了多少贵客
曾经有欢快聚会
更有那喜庆张罗
走进肇庆古村落
这里曾经上演过精彩一幕

走进肇庆古村落

这里曾经有过辉煌时刻

古村落啊古村落

村里村外依然树木婆娑

汇集了古今文明

吸引着中外宾客

展示出岭南文化

抒写着西江传说

2009 年 11 月 22 日

创意无限德业基
——贺肇庆文化创意大厦签约

一

德行中正万事兴
业开千里闪繁星
基如磐石好腾龙
旺及砚都日月明

二

西水东去归四海
南来北往情相连
山湖城江同一画
文化创意别洞天

于星湖之畔
2009年12月12日"肇庆金秋"

满目青翠
——贺广宁第四届竹子节

摇曳清风江上行,
虚怀亮节大地情。
破土坚韧擎天志,
满目青翠见丹心。

2009 年 12 月 17 日

岭南一岛

春雨润物砚洲新,
古风犹存西江魂。
创意无限五洲雷,
岭南一岛更来人。

2010 年 4 月 22 日

南国红豆展新枝
——肇庆市粤剧团建团五十周年感怀

南国红豆展新枝,星湖奇葩正逢时;
薪火传承肩重担,德艺双馨再飞驰。
沐骄阳,
汗如雨,
迎冬冷,
寒透衣,磨砺志不移,志不移
西江东流滔滔去,人才辈出更芳菲,
肇庆风光如画美,粤韵悠扬倍生辉。

2010年5月31日

砚都翰墨
——贺市弘艺书画院成立

弘扬西江千古韵，
艺风羚峡万世传。
书写人生更精彩，
画出砚都新长卷。

2010 年 9 月 5 日为肇庆市弘兰书画院成立而作

寒梅秋露
——送曾超鹏书记履职记怀

西水东去春常在，
南来北往廉记怀。
夏日炎炎红胜火，
冬秋寒露梅花开。

中秋吟

年年中秋月满盈，
今日丹桂雨连绵。
嫦娥飞天拂云袖，
我欢庭院少一人。

2010 年中秋

古郡文博
——有感于市博物馆 2010 年度工作回顾

铁军雄风今尤存,
古郡文博更励人。
岭南名片数端砚,
幸福肇庆齐发奋。

2011 年 1 月 13 日

舞起来

唱响红歌跳红舞,
广场春晖木棉树。
心心相连手拉手,
代代永传更幸福。

2011 年 1 月 16 日

辞岁

历尽艰辛排万难，
文化建设路更宽。
党政齐抓是关键，
部门同创功无量。
前程似锦有坎坷，
艺苑梨园岂平坦！
峰回路转孰奇勋，
心系民众出华章。

2011年1月16日

粤剧奇葩

五十春秋竞芳华，
粤剧梨园出奇葩。
万千辛劳成一曲，
满园春色幸福花。

2011 年 1 月 25 日参加市
粤剧团新春团拜活动有感而作

梅庵香雪

菩提树下显灵光，
梅枝久寒成傲干。
福地和谐万民仰，
香雪妙蔓遍山岗。

2011年2月27日，梅庵的六祖梅花开，灿烂繁茂，吸引众多群众、信众、香客、书画家、摄影家和摄影爱好者前来观赏，值此有感而发。

水之歌

从云天雾海,从高山峡谷,
滴滴相融,涓涓相连;
百转千回,万泉汇集;
流进田野,流进湖泊;
涌向江河,奔向大海。
水是生命之源,养育着人类;
水是万物之根,滋润着大地。
从茫茫草原,从浩浩森林,
滴滴相融,涓涓相连;
百转千回,万泉汇集;
流入村庄,流入城市;
变成炊烟,变成蒸气。
水是天的使者,造福着人类;
水是地的玉液,陶醉着世界。
水啊!水啊!
你勇往直前,你奔流不息;
你承载着希望,你承载着历史;
你承载着巨轮,你承载着胜利!

2011 年 3 月 15 日

咏春传奇

耍一把咏春,世界为之一震;
耍一把咏春,国人为之振奋。
千秋遗风,百年兴盛。
以柔制刚,出奇制胜。
日月照我肝胆,山河披挂我身。

耍一把咏春,世界为之一震;
耍一把咏春,国人为之振奋。
八方声威,海外扬名。
除暴安良,立志修身。
日月照我肝胆,山河披挂我身。

为电视剧《咏春传奇》而作
2011 年 4 月 3 日于端州

崇敬情怀

翰墨飘香沁杨絮,
崇敬情怀入心扉。
笔走龙蛇好山河,
跃然纸上故春秋。
艰难岁月铸华章,
革命意志冲云霄。
改革开放谋方略,
文化繁荣大江流。

2011年5月11日于中国美术馆观李洪峰书法展有感

守护党旗

因为你姓纪　所以你就要维护党纪

因为你姓纪　所以你就要守护党旗

纪律是天　纪律是地

纪律是党员干部的准则　纪律是老百姓心中的希冀

纪检干部维护着党的纪律就像爱护蓝色的天空生机的土地

纪检干部维护着党的纪律就是守护着鲜红的党旗

因为你姓纪　所以你就要维护党纪

因为你姓纪　所以你就要守护党旗

纪律是钢　纪律是铁

纪律是我们共同的约定　纪律是共产党执政的真谛

纪检干部维护着党的纪律就像爱护蓝色的天空生机的土地

纪检干部维护着党的纪律就是守护着鲜红的党旗

原名《你是一面旗帜》，为歌词

2011年7月1日写于肇庆，7月7日改于中山

彪炳粤剧
——为李秋元从艺二十一载而作

梨园风光多迷人,
唱念做打却艰辛。
少年怀志拜师来,
功名成就誉古城。
放眼世界皆扬文,
倾听八方习武身。
彪炳粤剧靠大家,
叱咤舞台盼领军。

于端州
2011 年 7 月 10 日

岭南文脉

岭南文脉数广信,
西江贺江兴封开。
历代豪贤领百越,
今日云霞聚斑石。

2011年7月15日,肇庆市文化广电新闻出版局工会组织全体会员赴封开参观广信文化和在建的公共文化设施,备受鼓舞,欣然吟咏。

江山永固

是日大暑,肇庆市"探寻北伐之路,弘扬铁军精神"采访团抵达中国"火炉"武汉,余有感而发。

当年鏖战急,今日进"火炉"。
直逼武昌城,铁军雄风舞!
前辈眠热土,枝繁英雄树。
北伐先锋赞,江山定永固!

2011年7月23日写于肇庆,发至武汉采访团,17时45分转发专题微博。

幸福肇庆

(粤语)

乐韵悠扬荡漾星湖　山青水秀如画肇庆

城乡发展日新月异　百姓万家人人欢庆

你睇牌坊广场几咁气派　你睇湿地公园几咁安宁

呢边新区楼宇幢幢拔起　嗰边绕城绿道车如流星

人民群众安居乐业　男女老少歌舞升平

社会建设彩虹飞架　喜看民生十大工程

各项事业要转型升级　科学发展创成果之城

党的领导使百业兴旺　和谐安康是幸福肇庆

2011 年 10 月 11 日

咏春传奇

咏春传奇震八方,
铁胆柔情注西江。
昔日雄风抖神威,
今朝岭南尽华光。

为电视剧《咏春传奇》而作

2011 年 10 月 13 日

扶贫号角

走过了漫长岁月,山村还是那么贫穷。
养育了一代又一代,老屋还是那样破旧。
不是没有阳光,不是没有雨露。
只因为土地又少又瘦,只因为山路崎岖难走。
吹响了扶贫的号角,山村到处欢欣鼓舞,
大家真情付出,帮助贫困农户。
乡亲们笑迎阵阵春风,走上发展致富的坦途。
啊!汇聚了八方的力量,同心携手共创幸福。

该歌曲获 2011 年广东省文化厅
"广东省第五届群众音乐舞蹈"金奖

名家画悟

雄才出金章,
平尺天地宽。
山水流清音,
艺术共登攀。

2011年11月8日于端州,
观黎雄才、陈金章书画展有感。

思母

寒秋深夜，灯下独倚，万籁俱寂，思绪联翩……儿呱呱坠地之时，母亲阵痛难忍之日。

听到儿第一声哭喊，母亲疲惫却露出微笑。儿的幼年没上过幼儿园，母亲的童年给人当牛马。儿的童年不懂得烦恼，母亲那时却日夜担忧。儿不识父亲却叫"叔叔"，母亲携儿探监恰似"孟姜女"。

家境贫寒几断粮，母亲下班背回一袋红番薯。天寒地冻北风吹，母亲密密夜缝衣。一张草纸糊在窗，满屋呼啸如羌笛。夏日炎炎蚊虫咬，母亲摇扇催儿眠。母亲受尽迫害之时，仍带儿去逛儿童公园。母亲身上只有一角钱，却带儿去看一场电影。

儿该上小学了，母亲哼着歌儿领儿去上学。在母亲"下放劳动"的日子里，儿天天在路口等待母亲归来。儿上中学了，母亲迎来了"第二次解放"。儿在学习中取得优异成绩，母亲在服装厂又创办了仪表厂。儿为母分忧当童工，母亲为儿的工厂作忆苦思甜报告。儿常常得不到父爱，母亲的坚持终于使父亲也得到了"第二次解放"。父亲二十年莫须有的"罪名"，得以沉冤昭雪。儿当兵戴上了大红花，母亲在码头频频招手。儿在部队屡建功绩，母亲常常写信鼓舞鞭策。儿回地方工作不断进步，母亲常常告诫慎之又慎。

儿一天天成长，母亲一天天衰老。儿为母亲祝寿，母亲为儿沏茶。儿让母亲住上新屋，母亲为儿浇好绿树。儿陪母亲说话太少，母亲为儿日夜操劳。儿为母亲寻医问药，母亲在病重弥留之际仍念念不忘众亲。儿目睹医院荧屏的曲线悄然平直，母亲驾鹤西去时却把"福"字留在人间。

  静夜思母泪涟涟，母亲却在天那边。谆谆教诲数十年，遗笔字字在眼前。人间真情颂华篇，母子情深天地连。子母来世再续缘，音容笑貌留心间。

2011 年 11 月 8 日

砚都风流
——中国砚都·端砚文化村动工典礼致贺

千年砚村传美名,
今日华夏更扬文。
众砚之首出端溪,
砚都风流后来人。

2011 年 11 月 10 日

《钟馗》入京

  由中国戏剧文学学会主办的全国第二届优秀戏剧调演,肇庆市粤剧《钟馗》于 2011 年 8 月 5 日在北京长安大剧院演出,好评如潮。

    粤剧进京城,
    钟馗倍增辉。
    众人齐努力,
    事业更有为。

2011 年 8 月 5 日晚
此次参演中粤剧《钟馗》获 9 项大奖。

肇庆名城古今传

沧海横流起波澜，
文化强国掀巨浪。
东风劲吹春来早，
南粤大地齐争艳。
西江滚滚东流去，
千年名城古今传。
群众欢歌星湖美，
地标建设添华章。

2012年1月18日，肇庆市直文化系统新春团拜会即兴朗诵。

龙年赏梅

古树发新枝，
梅开万点雪。
龙腾西江水，
人来赏心悦。

2012 年 2 月 18 日

如雪

六祖植梅愈千年,
后人拜谒又今天。
花瓣如雪心如镜,
不教尘埃落其间。

2012 年 2 月 18 日

中国最美绿道

我们走在中国最美绿道　　这是苍天造化过的地方
我们走在中国最美绿道　　这是元帅赞美过的地方
星湖绿道连通山湖城江　　星湖绿道联结地北天南
绿道的一端紧系着人民　　绿道的一头通向那幸福安康
我们走在中国最美绿道　　这是伟人描绘过的地方
我们走在中国最美绿道　　这是人民开拓着的地方
星湖绿道到处柳绿花红　　星湖绿道时时春意盎然
绿道的一端紧系着人民　　绿道的一头通向那幸福安康

2012年2月23日

携手共聚

火红焰蓝西水流，
茶淡酒醇人情暖。
早春二月东风来，
盛世龙年南岭绿。

2012年2月28日，与省版权局同志工作聚谈。

心 景

利禄如浮云,
民本才是根。
功过任评说,
曲直在人心。

2012 年 6 月 9 日

托举哥，邓雄飞！

当一双小手在十八米的高空悬挂着……当一个只有两岁半的小女孩的脖子，被卡在六层高楼防盗两根冰冷的钢筋中摇晃着；

当一个鲜花般的生命在生与死的边缘挣扎的时候，当一双双仰视的目光在焦急祈祷那摇晃的小身躯不要下坠的时候，一只大手将小女孩托举起来！是他，从七楼的高空攀援到五楼防盗网的顶端，像蜘蛛侠一样成了那小生命的保护神；

是他，不顾个人安危把小生命挽救了；是他，在世间冷漠与人间温暖之间追寻阳光；是他，让"广东精神"在一个普通百姓身上闪耀！啊！邓雄飞！是你，从人们的呼喊声中意识到险情；是你，从小女孩的惊叫声中鼓起了勇气；

是你，让心中的大爱驱使自己在高空中迈出了第一步；是你，让"广东精神"在你凌空的身躯得到诠释！厚于德——你宽厚的臂膀，托起新时代的高尚品德！诚于信——你宽广的胸襟，装满了广东人的诚实守信！敏于行——你在生与死的千钧一发，敏捷的思维与行动就像岭南的攀枝花！

啊！邓雄飞，英雄在飞奔！得救的小女孩凝视你！小女孩的父母感激你！人民群众敬佩你！温暖的社会颂扬你！啊！邓雄飞！

当你从高空攀援并托举小女孩的时候，众多的群众也在为小女孩伸出援手，他们呼喊着、奔跑着……从四面八方奔向那危急的地方，是他们给了邓雄飞信心和力量，是他们给了小女孩更快的抢救，是他们共同谱写了一曲弘扬"广东精神"的壮歌！

社会有真情，人间有大爱，守望相助，不再冷漠，远亲近邻，心心相印！

邓雄飞，你的心真好！邓雄飞，你的手好大！你托举起一个幼小的生命，你托举起一种崇高的精神，你托举起祖国的未来，你托举起时代的呼唤！邓雄飞，托举哥！托举哥！邓雄飞！

2012 年 6 月 12 日写于肇庆，
收入花城出版社出版《2012 中国散文诗年选》

端城吟

西江日夜流遍这座城,北岭延绵环抱这座城。
三峡扼守,四塔雄峙,
五湖镶嵌在这座城,六洞藏宝于这座城,
七岩如北斗落下这座城,八洞像宝库藏宝于这座城。
这里有三峡,这里有宝塔,这里有星湖,
啊,星湖,你碧波荡漾,
啊,七星岩,你风情万种。

亚铝之光

在阳光下,亚洲铝业闪着光芒,那是亚铝人辛勤的汗水,那是亚铝人有力的臂膀。机器隆隆,铝材在延伸,伸向世界屋脊,伸向太平洋。

在阳光下,亚洲铝业闪着光芒,那是亚铝人智慧的结晶,那是亚铝人思维的畅想。马达轰鸣,电光在闪烁,如同彩练飞舞,把这世界装扮。

在阳光下,亚洲铝业闪着光芒,那是亚铝人探索的脚步,那是亚铝人思想的解放。运筹市场,搏击大风浪,纵然波涛涌,开足马力远航。啊!亚铝!世界看到你的闪亮;啊!亚铝!世界充盈你的辉煌。

此歌为亚洲铝业公司而作

肇庆"八景"

山湖城江,构筑肇庆亮丽的山水文化。

山为魂,水为灵。

星岩烟雨——透视出奇特与变幻,仙气与灵气。

宝月荷香——散发出迷人的芬芳,怡人的恬静。

白沙夜月——月色洒满沙滩,江水倒映明月。

江楼晚眺——阅尽斜阳披染波涛,听见浆伴渔舟唱晚。

羚峡归帆——迎江上清风,守望故人来。

四塔擎天——为岭南绝景,作航标渡船。

梅庵香雪——显现禅宗心迹,昭示万民景仰。

披云鹤泪——纵观仙鹤驾云飞越古城,慨叹古今名城弹指千年!

2012 年 10 月 6 日

空降农民
——赞贾东亮

你曾经是英武矫健的空降兵
你现在是脱去军装的新农民
迎着太阳迎着风
踏着白云踏着雨
怀着信念怀着爱
带着军功带着情
去大山创业
到市场打拼
向老农学习
把群众带领
微笑写在蓝天
你是空降神兵
丰收铺满大地
你是空降农民

2012 年 11 月 23 日

东亮
——写给贾东亮的歌

你曾经是英武矫健的空降兵
拉伞绳的手如今拉起了牛绳
你曾经是指挥千百神兵的军官
如今独自在荒山野岭上开垦
你曾经穿云破雾身披彩虹
如今脚踏实地冬种春耕
空降兵啊你的自豪写在蓝天
新农民啊你的汗水洒在田埂
你用军人的果敢坚毅铸就一生
你用现代经营理念培育新的市场联盟
山区农民把你作为榜样
你把农民兄弟感召带领
艰苦创业丰收满山岭
共同富裕幸福老百姓

2012 年 10 月 15 日

文化使者

飞越万里赴友邦,
广东文艺展风光。
杂技享誉俄罗斯,
民乐知音听货郎。
非遗渊源水流长,
书画剪纸传他乡。
岭南武术振声威,
中俄友谊共传扬。

2012年12月7日于俄罗斯圣彼得堡,中俄文化交流活动有感。

砚都大书屋
——肇庆市图书馆新馆孔圣人铜像揭幕暨砚都笔捐赠仪式志庆

千年名城绽新姿,
万世师表开慈容。
巨匠神来砚都笔,
科技领航大华农。
书中更有黄金屋,
文化盛事喜相逢。
肇港携手播文明,
美丽家园惠民众。

2012 年 12 月 29 日

豪迈浩致

青春二十载,
浩致更豪迈。
走过艰辛路,
风帆扬大海。
科技创未来,
文化展风采。
辞旧迎新岁,
步入新时代。

2012 年 12 月 31 日

花开他乡

毛里求斯留尼旺,
文化交流谱华章。
东方神韵肇庆美,
歌舞传情飘海洋!
友谊感同好邻邦,
元宵佳节在他乡。
新年祝福月更圆,
掌声响起新太阳!

2013年2月中下旬,我市与省文化厅组成数十人的文化交流团赴法属留尼旺、毛里求斯进行为期19天的文艺演出活动,受到当地群众的热烈欢迎。吾作此诗予该团,遥寄元宵祝福。

脱下军装我还是个兵

——电影《梦想庄园》主题歌

脱下军装我还是个兵,
前进的步伐永不停。
青山绿水摆战场,
辛勤创业新使命。
拿起锄头当武器,
劈山开荒造果林。
鱼儿满塘跃,
牛羊遍山岭;
农场是我的家,
我当猪司令。
前进的步伐永不停,
脱下军装我还是个兵。

2013 年 3 月初稿
6 月定稿

白菜

身如白玉挂翡翠,
体圆肉润透凝脂。
夏日冰凉冬添暖,
每天寻常百姓家。

2013 年 5 月

庄园梦
——在广宁"八一"生态农场过党日活动

儿时庄园梦,
青年空降兵。
来到黄盆村,
幸福好前程。

2013年6月29日

蓝瑶之夜
——参加蓝谣乐队青年音乐会即兴吟诵

蓝天白云架彩虹

瑶池星空乐韵浓

起点至今逾十年

势成佳音怡大众

2013年7月17日晚

百姓平安

为了老百姓的平安,我日夜在巡逻;
为了老百姓的冷暖,我时刻在奔波。
老百姓是天地,老百姓是爹娘;
老百姓的事情,都装在我的心窝。
我的汗水,洒在大街和小巷;
我的目光,穿透黑暗的角落;
我用热情,点亮了万家灯火;
我用爱心,挽救了危难的阿婆。
啊!百姓平安,是我的使命!
啊!平安百姓,在心中诉说……

2013 年 8 月 9 日晨写于肇庆
2013 年 8 月 10 日修改

长安之路

头戴着庄严的国徽
守护着人民的家园
肩负着祖国的使命
时刻听从党的召唤
铁流滚滚威武之师
秉公执法文明之师
百姓冷暖记在心中
抢险救灾勇往直前
打击犯罪维护安宁
保护群众冲在前面
群防群治创建平安
齐抓共管永葆长安
平安平安，我们和人民心连心
长安长安，人民和我们肩并肩

2013年8月9日

禅缘
——纪念禅宗六祖慧能端州插梅嗣后圆寂 1300 周年感悟

六祖古井甘冽泉，
梅开二度艳阳天。
涅磐一千三百年，
禅宗菩提万世缘。

于端州梅庵
2013 年 9 月 7 日

奇伟的肇庆

上天，赐予这个地方如此美丽的景色——北斗七星汇聚人间，仙女下凡楚楚动人，湖光映月山朦胧，古城春秋西江流……啊！肇庆，山湖城江浑然一体，吉祥喜庆从这里开始！

大地，孕育出岭南古郡神奇的故事——六祖慧能顿悟于斯，插梅成庵荫后人；龙母施恩惠远方，朔江而上香不断；广信文化开南粤，岭南首魁莫宣卿；宋代名臣数包拯，一方端砚照青天；沟通中西文化第一人的利玛窦，一张地图给了我们世界眼光，一架自鸣钟让我们真切地感觉到光阴荏苒，一本《葡汉辞典》领着我们远涉重洋。

从此，西方文明与东方文明交相辉映。而这一切的缘起，都应归功于肇庆人"开放兼容，务实进取"的精神，肇庆这座具有两千多年历史的古城大门永远向世人敞开。

一江两湖三峡四塔五丁六祖七岩八洞九龙十砚。天工造化的神奇与厚重的历史人文，都承载于西江两岸，承载于北回归线唯一的绿洲！

涛声

蚁

星期天，我找来一本文学双月刊在营房里看了起来。窗外，一棵果叶满枝干的菠萝蜜树在微风中翩翩摇动。初秋的阳光虽然还带着几分灼热，但透过繁密的枝叶，也就变得和煦、温馨了。

我一边浏览目录，一边拿起一杯地道的海南咖啡，呷了一口——"嗯？不对劲儿！怎么经过过滤了还有细末？"我用手指捻了捻，咦，原来是几只黄蚂蚁。只见杯子周围还有一溜蚂蚁在爬着，我无名火起三千丈，一气之下把咖啡倒出窗外，拿着杯子往桌上狠狠地蹾了几下。现在可好了，咖啡也完了，蚂蚁也死了，气也慢慢地消了。

我无奈地合上书刊，拉开抽屉，拿出那包从200多里地的昌江寄来的简装咖啡粉。我有心无意地看着，透明的薄膜袋里装着棕褐色的咖啡粉，就像披上一层古铜色的光泽；瞑神地看下去，可又好像有无数只蚂蚁在蠕动着……面对新泡的咖啡，还是有蛇影的感觉。

大凡人见到蚂蚁，总是厌恶不已，悻悻嗔怒。那些毫不客气的蚂蚁也真是的。它们不但在菜盘上给你来个"锦上添花"，甚至连你的炕头也得在上面经营一番，那就怪不得人们要汤浇蚁穴了。

忙了一阵之后，我又拿起那本《十月》"啃"了起来。秋风习习，吹落了几片树叶，一片掉进了我的书桌上，叶子上还有一只大蚂蚁，只见它大摇大摆地漫步到我的桌面上。哎呀！这些"不速之客"怎么都跑到我这儿来啦？好吧，既然来了嘛，我倒要看看你耍的什么把戏。于是，我开始研究起蚂蚁的种类、特性和作用等等，我甚至还想研究蚂蚁的进化。

要说蚂蚁的种类嘛？嗯，什么红蚂蚁、黄蚂蚁、黑蚂蚁、白蚂蚁，还有飞蚂蚁……至于蚂蚁的特性呢？这我得先调查调查再说。我对这只肥头肥脑、肆无忌惮的大蚂蚁拉开了腔："我说老蚂，你先歇会儿，让我来欣赏欣赏，我只需要你配合两分钟，完了咱俩没事儿；要不，把你一分为二！"

这下子，真把它给镇住了。只见它趴在那儿摇头晃脑的，两条触须像划桨似的摆动着，整个身子像波浪一样起伏着……我晓得，它肯定在喘粗气。据说，非洲有一种蚂蚁，能把钢板咬得一塌糊涂！天哪，要真有这等事可怎么办呢？！先不管有没有，我得试验试验。不过，我敢打赌，这只蚂蚁绝对成不了器。我拿起一条纸屑慢慢地伸到它嘴里那副张开的"大钳子"里，然后用手指轻轻地按住它背部，它头一仰，随即两只大钳子一合，就把纸给戳破了。我试图将它的两只大钳子掰开，可指甲刚一插进去，就被它那两只钳锋划出两道痕印。看来，这只被我认为成不了器的蚂蚁还真有两下子呢。那些被肢解得体元完肤的昆虫动物，大概最怕的就是这副富有狠劲的大钳子；也许正在维护生态平衡的也是这副大钳子哩。

接着，我观察了它的行走部分，数了数：1、2、3……一共六条腿，又长又细，每条腿有两个关节，也没有什么奇特的。为了防止片面性，我把它翻了过来，用指甲按住它的头部，准备普查一遍，谁知它的尾部却翘了起来，像是发出最大的抗议。这时，我发现它的尾部好像在对我的指甲施加压力似的，我想，这尾部一定还有什么奥妙？

我随手从案头拿过一支钢笔，用笔尖挑动它的尾部有一根针，一根不到两毫米长的非常细的尾针！至于这根尾针的硬度到底有多大，恐怕很难测出来；但如果把足以划破金刚石的氮化硼分解成如此细微的一缕，也许它的硬度也就不相上下了！窗外的风渐渐大了，我不禁打了个寒噤。唉！人怎么那么弱不经风呢？蛇要冬眠，可没听说过蚂蚁要冬眠。恐怕它的热量比世界上任何一种动物的热量都要大。至于它的力量，那可是众人皆知的。偌大个蟑螂，虽然长着翅膀，也不是蚂蚁的对手；就连蛤蟆见到蚂蚁也得点头哈腰。总之，一旦看到浩浩荡荡的蚂蚁

"大军"，谁都有点不寒而栗呀。

那么，蚂蚁的作用到底有多大呢？这个我也说不准，不过，假如我有机会搞搞生物研究的话，我是很愿意去探索那些奥秘的。据说，蚂蚁不但是一种延年益寿的滋补品，在仿生学里它的作用也可大着哩！

人类对万物的认识经历了漫长的岁月；而那些伟大的发明却往往基于一纵即逝的瞬间。

一只被解剖的青蛙，在手术刀按动大腿的顷刻间，神经收缩，试验台闪出了一道蓝光。这道蓝光闪过的一瞬间，尽管不知占地球亿万年之遥的几分之多少，可它却给人类带来了无限光明！

蒸汽机已经有二百多年历史了，发明蒸汽机的瓦特是在热水瓶盖蹦起的一瞬间生发灵感的！

万物变化无穷，人类对万物的认识、探讨、研究也就永无止境了。假如有一天，我能跟着蚂蚁在地球上的某一个地方找出含糖量非常高的一种新物质或者别的什么物质，那该多好啊！

窗外又吹进了几片树叶。我一边捡着叶子一边又拿起了那杯已经凉了的咖啡，目光还停留在那只大蚂蚁身上。虽然大蚂蚁已经被我折腾得奄奄一息，可它那两条触须还在摆动……

我的战友

记忆的长河,融汇了童年幻觉的涓滴,也融汇了少年遐思的溪流。而最使我难忘的却是在部队生活中结下的战友之情,这种真挚的情谊,犹如泓泓清波,时常荡漾在我的心胸。多少个同壕战友,他们来自异乡,而心往一处,为部队建设作出了贡献;然而,他们却又一个个相继离别,回到了他们可爱的家乡。他们高高兴兴地来到部队,又欢欢喜喜地回到农村。多年来的生活锻炼,使他们变得坚毅、干练。每每想起他们,我心里便产生一种敬意。

给我印象最深的,是我以前的同班战友,叫陆远军,是江苏如东县人。他和我同年入伍,又一起分到消防班,他当消防员,我当司机。我们不是同乡,但很合得来。经常是,我修车,他来帮忙;他搞灭火战术训练,我助阵。他经常提醒我:故障不过夜,试车不误点。记得有一次,参加飞行值班结束后,我进行试车检查,由于太匆忙,只在驾驶室里听了听发动机的声音,便把电门关掉了。这时,远军走过来,对我说:"慢着,刚才好像听到高压水泵的齿轮箱有异常响声。"

我诧异地说:"是吗?""可能是轴承烧了。"远军眉宇略皱。

经检查发现,果然是齿轮箱的轴承坏了。由于故障检查和排除得及时,消除了隐患。

远军对于学习,有一种坚韧不拔的毅力。他的文化程度不高,由于家里弟妹多,经济拮据,初中没念完就回乡参加生产劳动了,为父母撑持了几年就参军了。来到部队后,他刻苦学习文化知识,努力钻研业务技术。他买来了数理化自学丛书、《现代汉语》等书籍,一有空就

"啃"书本。原先，他的普通话讲得不好，家乡调很重。后来，他认真进行纠正，请同志们帮助指出，并经常注意收听广播，揣摸发音的要领；他还编撰了《字音差异对比手册》。在连队举行的一次晚会上，他的诗朗诵——《心愿》，获得了大家的一致好评。他不但自己学，还帮助和启发别人学，我也常常受到他的启迪。在他送给我的一个笔记本的扉页上题着这样一句话："用知识充实你的头脑，你会觉得生活更加丰富多彩。"

远军的品行，给我的印象是很深的。入伍几年来，他先后当过消防员、灯手、炊事员、饲养员，总是干一行爱一行。他当消防员，苦练巧练，他训练原地着装的时间，从二十五秒缩短到二十一秒；他当灯手，认真摸索，创出了一根火柴点燃二十盏马灯的好成绩；他当炊事员和饲养员，努力学习烹调技术，积极搞好农副业生产，经常掌握市场动态，调剂余缺，使饭菜经常翻新花样。

他对工作尽心尽力，而对组织从不提出过分的要求。当组织决定他退伍时，他愉快地服从了。组织上根据他的身体情况发给他八十元的医疗费，可他却连一分钱也不要。当我问起他这是为什么，他诙谐地反诘："难道你还要我的胃病复发吗？……"我们彼此会心地笑了。

分别的时光，是难以忘怀的。记得远军离队的那天，天气很好。他很早就起来，打完了背包后还帮助同班的两个退伍战士整理行装。出发的时间快到了，六辆汽车整齐地排列在操场上待命。远军正在和炊事班长话别。这时，连长和指导员走了过来，我也跟在后面。指导员亲切地对远军说："远军同志，路上可要注意身体啊！"接着，交给远军一封信："这是支部给你父母的信，请你交给老人家，并代我们向老人问好。"我知道信封里还装着什么，便插了一句："一定别忘了！"我从口袋里拿出一部用过多年的袖珍式收音机塞到远军的挂包里，他推辞道："不，还是你留着用吧！"我不容推辞地把他挂包的扣子扣好，拉着他的手说："愿你在家乡再听到《高山流水》……"这时，连长也把两瓶"胃得乐"塞到远军手里，拉长嗓音说："摸过枪管子的，不生邪念，这两瓶药陪你居家旅行。"

出发号吹响了,随着一片热闹的锣鼓声,汽车驶出了曾被汗水润泽过的操场,马路上扬起了一片薄薄的尘土。此时,我的心也在翻滚着……

一件小事

在我所走过的道路中，曾发生过一次颇为震惊的"险情"，我把这一"险情"看作是一件小事，这仅仅是因为它还没有造成后果。虽然它已经成为过去，但我常常把它当作"昨天"——引以为鉴。是啊，不少恶果都往往是因为一时的疏忽或者是侥幸心理所招至的；而要根绝它，首先必须克服麻痹思想，这样，才能把恶果消灭在萌芽状态。

这一"险情"，是一次被控制住的可能发生的翻车事故。事情得追溯到1978年3月的一天。这一天上午，我和同班战友严明一起维护消防车，刚把高压水泵保养好，就接到了火警令：南头十二号机窝飞机起火，立即前去抢救！

事不宜迟。我和严明迅速跳上了驾驶室，他坐在副驾驶的位置，三个消防员跟着上了车。汽车开出车库后，迅速变档、加速。不巧，前面路段有一个很宽的浅水坑，汽车只好涉水驶过。

这时，坐在副驾驶位置上的严明提醒我，应该检查制动效能。我不在意地说了声："来不及了，问题不大的。"随后，再急加速，行驶了将近四百米时，车速已经超过每小时八十公里的速度，发动机发出的声响犹如巨狮吼叫一般。我双眼紧紧盯着前方，右脚还在给油门踏板增加压力……这时，坐在旁边的严明又提醒我："注意！前面要拐弯。"

我略把视线放远，估计离前面的急弯还有八十米，便松掉油门，接着，踩下刹车踏板——哎呀！不好，刹车失灵，一定是刹车毂进水了！此时，我脑际闪过一个可怕的幻景……

"沉着！"严明镇定地说，"掌握好方向！"随后，他拉死了风门。

我扫视了一下车速表,指针还指在 75 上方。汽车距离急弯处只有五十米了。严明平稳地拉紧手制动,车速骤然降低到每小时六十公里的速度。随即,他迅速推开风门,说了声:"快,抢挡!"我依次快捷地把变速杆拨至四挡、三挡。霎时,车速降到了每小时四十公里以下的速度。可这时,距离急弯处也只剩下三十米、二十米、十米!每一瞬间,都有几棵大树掠过耳际!车上的每一个人,心弦都绷得紧紧的。想什么呢?什么也想不了,只是觉得眼前好像出现一架燃烧着的飞机!"扑上去,抢救它!"每个人的心里,也都像燃烧着一团火!

然而,任何事情都不能违背客观规律。眼下,这么大的车速,要拐过这个急弯,必定有翻车的危险。

眼看只有五米了,我最后一次猛轰油门,把变速杆推进了二挡。顿时,汽车像驶进沙丘一样,车速立刻降低到每小时二十五公里。可这时,车头也已抵近弯道的临界线了。我瞅准方位,急打一把方向,汽车便侧着身子驶了过去。车上的每个人都长舒了一口气,手心却捏了一把汗。

由于在关键时刻,严明提醒了我,并默契地配合了我,使人员和车辆都化险为夷,并及时赶到火场,扑灭了火灾。这经过,只有短短的几秒、十几秒,但每一句话、每一个动作,都牵涉到多么大的局面啊!

事后回想起来,觉得真是太可怕了,当时,我怎么那么大意呢?!特别是在别人提醒以后,还抱着侥幸心理,这就更不应该了!

这次"险情",与其说是"一件小事",倒不如说是一件由大变小的事更为确切。不是吗,很多"小"事,往往并不小哩!

这件事,虽然已经过去五年多了,但我仍觉得像是昨天才发生的一样。人,是应该常常给自己敲警钟啊!干工作粗心大意,侥幸心理,是万万不可有的!

小雨中的回忆

在军营里,有我亲手栽的一棵小松树,长得苍翠挺拔,生机勃勃。每当我看见它,就想起那次在小雨中发生的事情,更激起我对松树那种可贵精神的无比崇敬,鼓舞我在生活中顽强进取。

那是1978年仲春的一天,我奉命驾驶一辆解放牌汽车去海南陵水县的吊罗山执行任务。清晨,外面下着毛毛细雨,天气还有几分寒冷,我只粗略地检查了一下汽车的技术状况,便匆匆离开了驻地。公路两旁的田野,隐约可见一片片青绿;村庄仍很寂静,给人一种"春眠不觉晓"的感觉。几滴小雨从车窗飘进来,我不禁打了个寒战,赶紧把玻璃摇上。大约行驶了四十公里,便到了吊罗山脚下。

吊罗山位于陵水县北部,海拔近一千米,奇峰突兀,山路崎岖,到处是悬崖峭壁,山涧里瀑布飞泻,山鹰盘旋在云霞雾霭之中,整个景象蔚为奇观!而最使人流连的却是那屹立在雨中的一棵棵粗壮高大的松树。它们有的耸立在山顶上展开臂膀迎接朝阳;有的扎根在悬崖峭壁中,显示出顽强的毅力!

我驾驶着汽车在长达二十公里的山路上缓慢地行驶。连日来阴雨绵绵,山路被雨水浸泡得坑坑洼洼。汽车在颠簸中行进,我双手紧紧握住方向盘,注视着前方。越往上,坡度越陡,也越来越滑,汽车艰难地爬行着。突然,汽车后轮被一块石头顶住了,车轮空转了几下便开始往后滑动。我立刻同时使用手脚制动器,但却不灵,汽车还是一个劲儿往下滑,眼看要掉进百丈沟壑。蓦地,我发现后面有一棵大松树,灵机一动,一把方向打过去,汽车后部正好被大松树顶住停了下来。我长长地舒了一口气，身上却冒出一身冷汗……

我跳下车搬来两块大石头把车轮顶住，然后走到大松树旁，伸出右手抚摸着这棵足有一尺多粗、十多米高的大松树，久久凝视着它。只见这棵大松树棕红色的树干上已经有几处黄白色的创伤。这一次的创伤却是因为我对汽车没有认真检查而造成的，此时此地，我羞愧无颜。小雨仍淅淅沥沥地下着，雨点洒落到我的脸上，像是嘲弄，又像是提醒。松树的冠枝在小雨和微风中轻轻摇动，树干笔直轩昂，显得粗犷、伟岸！它的根部深深地埋在土里，没有一点虚浮，根须和泥土像千丝万缕般地交织在一起。

山崖上，有一棵从石缝里迸出来的松树，长得枝叶繁茂，形态奇特。看得出，它经历了很多磨难，可它依然顽强地屹立着！小雨轻轻地落在松树上，更增添了松树那强大的生命力。突然间，我发现这棵松树旁长出一棵很小的松树苗，于是我走过去小心翼翼地把它挖出来，打算把这棵绿色的"小生命"带回我们的军营……

一晃七年过去了，这棵长在军营里的小松树，已经有七八米高了。我常常想：是松树在小雨中救了我；而我又在小雨中结识了松树，我应该以松树为榜样，扎扎实实地工作，做一个无愧于新时代的强者！

天涯游记

很久以前就听说有个"天涯海角",我原以为这是人们幻想的一种境地;殊不知,"天涯海角"却是一个真真正正的风景胜地!它,就在海南岛南部的一个海湾。

阳春三月里,我和几位同事乘汽车从肇庆出发去海南办事,顺便到天涯海角游历了一番。天涯海角位于三亚市以西约十五公里处,距离海口市三百四十公里。清晨六点钟,汽车从海口市开出,途经琼山、琼海、万宁、陵水四个县,一路上尽是一派美丽的海岛风光,亚热带丛林里,生长着椰子树、橡胶树、油棕树、咖啡树、可可树等植物,大片大片的香茅草散发着浓郁的芳香,从车窗吹进来,令人心旷神怡。下午三点多钟,我们便到了天涯海角。汽车停在附近的公路边,我急不可待地跳下车,纵目看去,只见静静的海湾近似九十度角,海滩十分开阔,足有十个足球场一般大;海滩上长着一排排高大的椰子树,在海滩最开阔的地方,屹立着几块大石头,其中最大的一块巨石约八九米高。走近一看,只见巨石正面刻着"天涯海角"四个字。历代名人如苏东坡、郭沫若等都曾在此留下手迹。啊,原来人们常说的"天涯海角",竟是这样一个静静的海湾和这块巨石!

阳光明媚,春风和煦,海面上泛起粼粼波光。海滩上,游人三五成群,笑声不断。游客当中,有不少黎族、苗族同胞。他们穿戴奇丽,兴致勃勃,有的还带着照相机,不时对着这美丽的景色按动快门。我和几位同事刚从大陆来,看到这美丽的海景,都为之陶醉!除了留影之外,我们还洗了海水澡、照了日光浴,简直痛快极了。我们坐在海滩上,饱览这美丽的海景。轻轻的海浪，送上一朵朵洁白的浪花，更激起我对天涯海角的悠悠遐想。过去，天涯海角是被人们视为荒漠遥远的"天边"，而且常常作为封建朝廷对"叛逆者"流放的一个边远地带。生活在水深火热之中的广大劳动人民，对天涯海角更有一番难以言状的苦衷。如今，春风荡涤了过去的"尘埃"，天涯海角以崭新的容貌呈现在人们的面前，以她特有的魅力吸引着广大中外游客。近年来，国家拨出大批专款对天涯海角修葺一新；海南各级政府对这一旅游胜地的开发十分重视，增设了照相、饮食、交通等服务设施；在天涯海角附近，正动工修建一个设有跑马场、高尔夫球场等设施的大型游乐中心，还准备修建一个能供大型客机使用的飞机场。人们从广州到天涯海角，只需一个多小时，那真是"天涯若比邻"啊！

夜幕即将降临，我们结束了对天涯海角的游历，驱车前往附近的海滨招待所。汽车开出老远，我回首眺望，那几块巍然屹立在海滩上的大石头仍醒目地跃入眼帘，似乎相隔咫尺……

夜，静悄悄

盛夏的一个夜晚，小岛上微风习习，徐徐地带走岛上的余热。夜深了，便有几分凉意，孤岛上一片寂静，只有深沉的海潮声永不遏止。我从哨所值班回来，战友们已经熟睡多时了，轻轻的鼾声似乎使屋子里显得更加宁静。可我却翻来覆去睡不着。白天收到了一位老同学的来信，说他考上了一所全国重点大学，还问我有没有参加高考。哎，短短几句话，就使我思绪翻滚，久久不能平静！是羡慕，还是嫉妒；是高兴，还是沮丧，连自己也说不清。我一骨碌从床上翻下身来，想到外面解解烦闷，便披上外衣，独自走去海边。

月缺星稀，夜幕昏昏。淡淡的月光铺在海面，浪花里泛起微弱的光亮；浪涛拍打着礁石，发出一阵阵沉闷的声响。远处雾气重重，只能隐约看见大陆岸边的点点灯光。我在沙滩上慢慢地走着，岛上的椰子树"沙沙"作响。我心乱如麻，只得在岸边的一块礁石上坐下沉思。过去的时光，真好比"海市蜃楼"一晃而逝。星移斗转，人也在变啊！想当年，我和这位老同学互帮互助，曾多次共同取得优异成绩，如今却各奔东西。他成了"响当当"的大学生，而我却守卫在孤岛上默默无闻……

我仰望星空，只见北斗星在夜空中熠熠发光。啊，北斗星，是你给人们指明了方向；有了你，在大海中行船就不会迷航！从古到今，你给了人们多少智慧和勇气，激励人们去冲破愚昧和黑暗；你使人们认识到，浩瀚的大海有着千百条通往彼岸的航道！

海潮一个接一个地涌上沙滩，洁白晶莹的沙子不但没有被潮水卷走，反而越积越厚，紧紧地靠拢在小岛的周围，仿佛小岛就是它们的"家"。啊，小岛的一切都是那么的可爱！矫健的海鸥，美丽的白鲣鸟，还有葱郁的椰子树和菠萝蜜树……一切都是那么的熟悉，那么的可爱！怪不得我们的战士都称小岛为"蓬莱仙岛"哩。如今，我们的战士既搞训练，又搞副业生产。最近，我们班里的水产"专家"还在进行养殖珍珠试验呢。在我们这个小岛上，战士们学科学用科学已经蔚然成风，相信不久这里将会成为一颗闪耀着现代科学之光的海上明珠！

这时，我忽然想起唐代诗人戴叔伦的《塞上曲》诗中的两句："愿得此身长报国，何须生入玉门关。"我想，古人尚且能为保卫边疆洒尽一腔热血，作为一个现代军人，不是更应该为保卫和建设祖国作出贡献吗？那种认为只有上大学才有出路的思想，是万万不可有的。海风渐渐大了，我不禁打了个寒战。抬头看看夜空，星星更稀落了；小岛上一片漆黑，只有高高的哨所隐约可辨。我从礁石上站起来便往回走，脚步似乎轻快多了，心胸也很舒展。走到宿舍，我轻轻地推开门，一股暖流迎了上来，屋子里还响着深沉的鼾声……

恢宏的气势　细腻的笔触
——《大决战·辽沈战役》观后感

决定中国命运的辽沈战役，历时 52 天，牵动国共两军统帅部，双方卷入兵力共一百多万，我军以伤亡 6.9 万人的代价，歼灭国民党 47 万余人，促成全国战局的重大变化。如何再现这一历史性的时空？影片《大决战·辽沈战役》在拓展恢宏的战争气势和描写细腻的人物情节两方面都处理得很得当。

壮观的场面　深刻的寓意

——序幕：一个巨大的身影从山坳走向山顶——毛泽东那铿锵的脚步声有如雷鸣……此时此刻，毛泽东不但深深地思念陕北革命圣地，更高瞻远瞩地审视着全国局势。随后，画面出现冰层炸裂、冰排撞击，黄河翻腾、波涛汹涌，预示着反动势力分崩离析。在奔腾咆哮的浪涛中，毛泽东、周恩来、任弼时乘船破浪东渡……一个个远近交替迭出的场面，使人觉得革命力量一泻千里，势不可挡！

——影片的落脚点，是体现决战场面之"大"。影片多次使用空中追随拍摄的手段，使敌我双方的战斗实力、交战态势都充分展现；而地面仰摄、移摄画面，艺术手法各异：东北野战军奔袭北宁线、军民共同修筑防御工事、围歼廖耀湘兵团等场面，表现出我军实力强大，团结一致，士气高昂。而敌军移师彰武、进犯黑山等场面，则密密匝匝、互相倾轧。由此，敌我双方的战斗力不言而喻。

——攻打锦州，作为辽沈战役的核心战，采用攻坚战术。上千门火炮整齐列阵,锐不可遏。铿锵有力的画外音:"上千门大炮在同一地方,向同一目标发出怒吼,这在中国战史上是前所未有的!"当获悉廖兵团西进卡断我军粮食弹药的运送大动脉后,我军仍按时攻打锦州,既说明东北野战军执行中央军委的作战意图,为全国战局而甘愿"冒险",又说明东北野战军已作了周密的部署,胜券在握。

形神兼备　人物语言富于个性

围绕辽沈战役这一主线,影片既反映了敌我双方交战的状况,又交织了双方各自的意见分歧和矛盾纠葛,使整个情节更富于戏剧性。众多的特型演员,除了形似,更在"神似"上着意,并配以富于个性的语言。

毛泽东气宇轩昂,富于革命家的雄才伟略。毛泽东和萧三在山坡上漫步,轻松自如地说:"年轻时,总是跑啊跑,石头砸破了脚也不知疼,只知道路在脚下……"说着,他和萧三不慎滑倒,却仍乐呵呵。

蒋介石刚愎自用、猜忌狐疑。三飞沈阳的神态和场面迥然不同。首次飞沈,强装笑脸,意在"打气"。宴会上,举起专为他准备的冒着热气的一杯"酒",露出狡黠的一笑。而第三次飞沈,只能在"美龄号"机舱里挨个接见部属。第9兵团被歼后,蒋在北平圆恩寺行邸恼恨至咳血,这实际是他首飞沈阳时那种外强中干的体态的彻底表露。

林彪是辽沈战役的中心人物。影片既用写实的手法表现了林在战役中几经变化的作战决心和战役中所起的作用,又顾及历史发展的最终结果,刻画了林彪的独特个性。他沉稳寡言,而措辞犀利,富于大将风度。他三次吃黄豆时的心态都不一样:第一次,林久久凝视《东北地区敌我态势图》后转身"亮相",随手从碗里抓起几颗黄豆——此时,他并未接受军委意见打锦州,打锦州还是打长春一时举棋不定。第二次,攻锦州前不到两小时,当获悉我军运输线被切断,林从衣袋里掏出一小包黄豆往桌上一甩——这种忧悒心态的发泄,惟妙惟肖。第三次,当我军侦听到廖耀湘兵团的明语电报后,参谋长刘亚楼问:"要不要对敌情研究研究?"林抓起一把黄豆,说:"研究什么,廖耀湘已经把兵力位置说得一清二楚。先堵，然后，围而歼之！"着意地把黄豆一甩。胡家窝棚之战前，林彪说了这样一番话：（敌我交战）"越乱越好！十多二十味中药一起下锅，药性才出得来。"这番话真耐人寻味……

影片结尾，卫立煌说的一番话更似对整个辽沈战役的艺术概括："毛泽东，真像在天池作诗一样。他布下了种种阵势，却放着长春沈阳不打，而是地图上的这么一插！……"弦外之音，妙不可言。

作为一部历史巨片，对宏大场面的安排和对人物情节的刻画如此得当，实是难能可贵。不足之处是，战斗场面的描写还不够丰满。战场上，我军各纵队首长和师团首长指挥作战、互相配合的场面极少，观众对战役的规模难以做深层涉猎。而影片的大量画面被各种人物对话占去太多，且主要人物采用多种"乡音"（乡音固然有其特殊效果），又没有字幕，观众难以全懂。

该片摄制难度大，而票房率极高，观众为之雀跃，足以体现影片的成功之处。

原载 1991 年 11 月 1 日《端城报》、
《国防教育导报》1992 年 1 月号

千呼万唤总理归

——《周恩来》观后感

十五年前,看过彩色纪录影片《悼念周总理》的每位观众都万分悲切。时至今日,我仍不能忘却那浑厚深沉的画外音——"只见灵车去,不见总理归!日理万机的周总理,您在哪儿啊?"

五千多个日日夜夜啊,人们始终在心底呼唤着总理的英名!终于,一部史诗性影片——《周恩来》出现在人们眼前。人们的愿望得到了实现,人们感情的潮水随之翻腾……

一、诗一般的精炼凝重

影片把周总理一生的光辉历程,用蒙太奇手法,集中在最后十年的有限时空表现,其时间的跳跃与事件的切入,如诗一般的凝重。影片选材顾及巨细,详略得当。总理劝说鞍钢工人迅速恢复生产;要求延安地委争取粮食产量五年翻一番;带病飞抵长沙,与毛主席共商四届人大领导班子人选以及弥留之际惦念台湾回归、与罗青长部长的一番话语,都表现出周总理忧国忧民,为党的事业鞠躬尽瘁的崇高思想。接见美国乒乓球体育代表团;观摩军乐队练习演奏迎宾曲;果断处理林彪夺机外逃事件,则表现出无产阶级革命家非凡的胆略和智慧;而总理到西山为贺龙找房子,在批判大会上挺身而出保护陈毅则表现了总理为保护党的好干部而忍辱负重,无私无畏。这些情节,深刻地表现了总理日理万机却孜孜不倦的精神风范和正直无私的宽阔胸怀。可以说,这部影片是一部声、情、画、意并茂的光辉史诗。

二、情出于心的表演

影片的主要演员王铁成,较准确地把握了年届七十高龄的周总理在文化大革命这一畸形的社会进程中如何处理国家大事与身边事情的领导艺术。邢台地震后,总理当即飞抵灾区。关切地安抚灾民,与灾民一起喝粥吃红薯,用红薯揩碗底,表现出总理和人民群众休戚与共;出席四届人大的过程,也是总理与病魔作斗争的过程,他在人们的面前显示出顽强的意志与毅力;出席国庆二十五周年招待会,总理临行前仍接连关掉病房和工作室的三盏台灯。看到这里,我更禁不住对这位共和国的"当家人"肃然起敬!举行贺龙同志骨灰安放仪式时,总理的双脚肿得不能穿皮鞋,只得穿布鞋,步履维艰;哀乐声中,他悲痛万分,连续六次深鞠躬!总理此刻的心情,既是对自己无力保护贺龙而深感内疚,又是对"四人帮"迫害老革命的行为表示无比愤慨!演员王铁成在再现这一场景时,情出于心,十分投入,使当时总理的复杂心情表现得淋漓尽致。总理病危时,仍惦记其他病中的老同志,对医生说:"吴大夫,我这里没啥事,你去照顾别人吧,他们更需要你……"影片几次使用快节奏的旋律与灰暗画面中那辆红旗牌轿车从305医院徐徐驶出形成的反差,像锤子一般敲打着人们沉思中的心房!人们心里禁不住一次又一次呼唤着总理……

三、特殊的效应与深刻的启示

影片中的一些国家首脑机关要地,如人民大会堂,中南海大院、游泳池、书房、长沙蓉园等采用实景拍摄,使人物和景物融为一体,提高了真实效果,增强了对演员的感召力和对观众的感染力,从而使主要人物更好地产生出"神似"的效应。另一方面,也说明中央和省有关部门对拍摄《周恩来》影片的高度重视,把为影片服务作为缅怀周总理的实际行动。周总理为中国革命和世界和平作出了卓越的贡献;周总理的一生崇高伟大,光明磊落。影片不仅再现了总理的光辉形象,更给予人们深刻的启示。总理逝世前后,画面两次出现庄严的人民大会堂——

这是权力的象征啊！总理能安心而去吗？！影片的开头和结尾都响起长久的钟声——这是对后人的警醒，这是对总理的呼唤！

我们敬仰总理的光辉形象，歌颂总理的丰功伟绩；我们更要学习总理的崇高精神和优秀品格，时刻想着人民，为党的事业鞠躬尽瘁，奋斗终身！

周总理曾为自己订出《我的修养要则》："永远不与群众隔离，向群众学习，并帮助他们……"

"敬爱的周总理／你永远在我们／向二〇〇〇年进军的行列里／你永远在我们／向共产主义进军的行列里！"如果说，十五年前一位诗人用518行诗句凝聚了《一月的哀思》，那么如今，《周恩来》将在亿万人民心中矗立起一座永恒的丰碑！

原载1991年12月13日《端城报》

林彪三"吃"黄豆的心态
——《大决战·辽沈战役》片断赏析

林彪是"辽沈战役"的中心人物。如何表现林彪在战役中几经变化的作战决心和他在战役中所起的作用,是影片《辽沈战役》在刻画人物形象方面的难点,也是观众普遍关注的"热点"。编导和林彪的扮演者,利用林彪特有的嗜好——吃黄豆,在特定时境、表情、动作、寓意等方面作了巧妙恰当的安排,使林彪的个性和在战役中的心态表现得惟妙惟肖。

第一次,辽沈战役前,在东北野战军作战指挥部,林彪久久凝视《东北地区敌我态势图》后转身"亮相",表情淡漠,随手从碗里拈起几颗炒黄豆缓缓送到嘴边——此时,他并未接受军委"先攻打锦州"的意见,打锦州还是打长春,举棋不定。这既说明林的目光只"盯"住东北局势,而未能深刻理解中央意图,未能顾及全国局势,又表现出林彪刚愎自用的个性。

第二次,攻打锦州前一个多小时,在牤牛屯东北野战军前指,当获悉我军补给运输线被敌第9兵团卡断的消息后,林彪忧心忡忡,却不动容,只是从衣袋里掏出一包黄豆悻悻地往桌上丢,沉思片刻,几粒黄豆下肚,他增强了作战决心。这种用特殊的形式表现出一名高级指挥官在瞬息万变的战场中应有的沉着应变的艺术手法,恰到好处。而此时政委罗荣桓和参谋长刘亚楼的沉默,也正好反衬出林彪的独断专横。

第三次,当我军侦听到廖耀湘兵团的明语电报后,林彪那深藏不露的神情总算流露出一丝笑意。他悠然地从碗里抓起一把黄豆……这时,参谋长刘亚楼问:"要不要对敌情研究研究?"林彪手执黄豆自信地说:"研究什么,廖耀湘已经把兵力配系谈得一清二楚。先堵,然后,围而歼之!"着意地把黄豆一甩。此时的林彪,已经看到了辽沈战役的总趋势及其影响,因而也就表露出一种居功自傲、盛气凌人的心态。

  影片用较多的画面来描写林彪,既尊重史实(描述了他在辽沈战役中的核心作用),又帮助观众对林彪的个性和思想脉络作客观的分析。尤其是他那种目中无人、刚愎自用的个性,使人们从中悟出林彪后来深居简出、沉默寡言、心怀叵测,最终导致"9·13"叛逃的思想渊源和基因。列宁在《共产主义运动中的"左派"幼稚病》中指出,党组织的作用,在于通过长期的、顽强的、各种各样的、多方面的工作,获得必要的知识、经验和政治敏感,来迅速而正确地解决各种复杂的政治问题。在处理"9·13"事件中,毛主席、周总理之所以能采取果断的措施,正是基于对林彪的长期的观察。

  影片《大决战·辽沈战役》在"反角正演"(此提法未必正确)上作了大胆的尝试,因而为今后更好地运用历史题材提供了范例。

原载肇庆市电影公司编《电影月报》1992年2月号,
获肇庆市"建党七十周年献礼片影评征文"二等奖

路,应该自己走

如果鲁迅当年不是放下手术刀,拿起笔做投枪,那么很难想象他的人生价值会实现到什么程度。

如果李建云大学毕业后,仅仅为了"专业对口"去谋职业,而泯灭他已经看到的新的道路之光,那么很难想象他能否全部发挥专业知识。

请尊重这样一个事实:任何人都会随着时间、空间的变化而产生新的意愿。这种新的意愿将直接影响着人生价值观的转移。

因此,当李建云经过了几年大学的学习和思考,选择了军人的道路之后,他就应该坚定地沿着自己选定的道路走下去。

收入《人生价值启录》,
解放军文艺出版社 1992 年 4 月版

最后一个军礼

走过了整整 20 年戎马生涯！

如今，就要脱下绿军装，奔赴新的征途……仰望着"八一"军旗，面对中国人民解放军军徽．你久久地伫立，久久地凝眸。金星闪烁，激起无限的依恋，勾起不尽回忆——

曾经是一名年轻的海军战士，海魂衫、金锚飘带，英俊而潇洒。

曾经是海军航空兵部队的一名特种车驾驶员，航空兵司令官观摩了你的驾驶技能后，竖起了大拇指，还有那多项技术革新，而获得兵团级的奖励。

当第一篇文章发表在《人民海军报》上，更坚定了你当一名文武官的信念。那曾经是一名"特等射手"的你，而原在军级机关成为一名后勤助理员时，同样挥动着你的笔。

如果说，年轻时的军旅生活，使你感到浪漫而自豪，那么，在人生成熟期，走进人民武装的天地，更是充实而富于开拓进取。

你呕心沥血探讨着民兵预备役的教育，点将台、问卷调查演示会、兵役论坛等等都起到举一反三的作用。

那全民国防教育更使你笔耕不止，数十次在军政训练的讲坛上，叱咤风云。各种新闻媒体发表的 600 多篇各类题材的作品，成了你唯一的珍藏。

你常常对自己的摄影作品挑毛病，以中央人民广播电台的播音作为你苦练国语的范音。终于，你能在几部电视片中，集采、编、导、播于一身。

你常常告诫自己，视领导为师长，视同事为良朋。这样，你策划的各种活动，总会得到绝大多数的支持。你确信：红花绿叶，不仅是自然景物，更是客观规律。而你对绿叶更是情有独钟……

当面临人民武装工作体制重大变革的时刻，你夜以继日地为战友们的安置操劳。此时，自己的人生转折也悄然而至。当战友们重新戴上"八一"军徽的时候，当与人合作的歌曲《让生命有一段当兵的历史》发表在《南疆影视》杂志的时候，当刚刚拿到《立功证书》的时候，你的军旅生涯，却从不轻弹的男儿泪中划上了一个圆圆的句号！

你平和地笑对来自各方面的惋惜。你是谁？你，不是唯一的你，却是更广阔天地的你，更有信心的你。

于是，在"八一"军旗下，你坚毅地举起了右手，庄严地行了最后一个军礼！

原载《西江日报》1996年4月9日

音容宛在　精神永恒

天地动容，江河悲泣！我们敬爱的邓小平同志与世长辞了，但他音容宛在，精神永恒！

邓小平同志关于社会主义精神文明建设的系统论述，是他老人家留给我们的巨大精神财富。

党的十一届三中全会以来，邓小平同志就社会主义精神文明建设的战略地位、根本目标、指导思想作了精辟的阐述。他关于思想道德建设、教育科学文化建设、民主法制建设和加强党对精神文明建设的领导等方面的论述，高屋建瓴，博大精深，为我们指明了"在建设高度物质文明的同时提高全民族科学文化水平，发展高尚的丰富多彩的文化生活，建设高度的社会主义精神文明"的道路。

我们各级常委的宣传部门必须牢牢记住小平同志的教诲："理想和纪律特别重要"，"我们干的是社会主义事业，最终目的是实现共产主义。这一点，我希望宣传方面任何进修都不要忽略。"

党的十四届六中全会，要求我们把加强社会主义精神文明建设提到更加突出的地位，这是加强物质文明建设的需要，是加强现代化建设进程的需要，是实现我国跨世纪宏伟蓝图的需要。

邓小平同志以无产阶级革命家的胆略和实事求是的精神，拨乱反正，为我党确立了"一个中心，两个基本点"的基本路线，创立了"建设有中国特色社会主义"理论，极大地丰富了马克思列宁主义、毛泽东思想，为我国的现代化建设和社会主义精神文明建设指明了方向，是我们的强大精神支柱。

当前，我们在深入学习贯彻党的十四届六中全会精神、贯彻省市委七届五次全会和区委三届六次全会精神中，更应该系统地学习邓小平同志关于社会主义精神文明建设的一系列科学论述，以指导我们的各项工作。

在我们深切悼念邓小平同志，缅怀这位伟大的马克思主义者的丰功伟绩的时候，让我们重温邓小平同志的嘱咐："各级党委一定要把思想理论工作放在正确轨道和重要地位上。""做理论工作的同志，要花相当多的工夫，从各个领域阐明毛泽东思想的体系。要用毛泽东思想的体系来教育我们的党，来引导我们前进。"

千言万语，难以表达我们对敬爱的邓小平同志的无尽哀思！让我们高举邓小平建设中国特色社会主义理论的伟大旗帜，坚持两个一起抓，为把我国建设成为社会主义现代化强国而努力奋斗！

原载1997年2月28日《端州报》

从"防治'非典'"想到"源头治腐"

一场举国上下共同参与，群策群力，步调一致的防治非典型肺炎的没有硝烟的人民战争，在党中央、国务院的领导下，取得了重大胜利。"非典"病例从若干个省份每天以百位数递增，降至近段时间的个位数，甚至数天为零；世界卫生组织取消对广东的旅游警告，这是非常难得的成果。温家宝总理在5月21日召开的国务院第二次全体会议上强调指出：疫情趋缓，但不可松懈。

非典型肺炎，即重症急性呼吸综合症（SARS）。它的突如其来和迅速蔓延，给人类带来的损失是无可估量的，甚至当死亡不断递增的时候，人类对它的病原和病因一时仍难以揭秘，但对它的预防和治疗，决不是束手无策！这已经被大量不争的事实说明。同时出现了一句家喻户晓、耳熟能详的术语：可防、可治、不可怕！我国著名呼吸疾病专家、广医一院呼研所所长钟南山院士在美国召开的"胸肺学会（ATS）2003年国际学术研讨会"上指出：中国的SARS防治经验是行之有效的。

由此，我从"防治'非典'"想到了"源头治腐"。"非典"病毒属自然科学领域需要迅速探明、研究和解决的问题。人们十分关心它的尖端学科和前沿学科的研究成果，期盼着新的成果造福人类。而在尖端学科和前沿学科的外围，更多的是关于如何预防"非典"的庞大的社会系统工程，包括各级领导机构的高效运作，各种方案的有效实施，各种人力资源的调配使用，各种物资的供应保障，各地的联防布控等等。这些则属于社会科学的范畴，属于科学有效的社会管理问题。当然，还有人们的卫生防疫意识和社会行为意识。

源头治腐属社会科学领域需要长期探索、研究和解决的问题。腐败问题是千百年来人类社会的痼疾。腐败问题不会随着执政者或执政党意志的转移而自行消失。换句话说，虽然执政者或执政党决心铲除腐败，但并不能立刻做到。如同今天我们迫切希望清除"非典"病毒，但并不能在短时期内做到。这就决定了腐败与反腐败是一场长期性的斗争。

近年来，党中央加大了反腐败斗争的决心和力度。党的十六大更把从源头上预防和解决腐败的问题，提到更加突出的位置。从改革干部人事制度、行政审批制度和财政制度入手，从根本上切断腐败的源头。当然，要真正体现其效果，依然任重道远。如同人们十分关注防治"非典"的科研成果一样，人们也非常关注各级反腐败工作机构的工作成效，关注揭露和打击腐败的实际效果。

我们必须清醒地认识到，防治"非典"，必须依靠庞大的社会系统工程；同样，源头治腐也必须在党的领导下，依靠全社会的共同参与、共同努力。有人把公路建设的"豆腐渣工程"称为"阳光下的腐败"、"不断延伸的腐败"，究其原因，关键还是我们的管理和监督机制不到位。如果我们对公路工程项目的设计、招标、资质、施工、资金使用等环节，能真正在阳光下全程监控；如果参与该项工程的决策、管理、施工组织的有关人员，能像自觉（必须）接受防治"非典"的体温测试一样，自觉（必须）接受各方面的监督，那么又怎会出现"豆腐渣工程"？据《南方日报》5月29日报道，韶关市交通局与曲江县交通局核对往来账目，出入较大。人们提出疑问并拭目关注，"9万元修路款下拨中蒸发"？由此可见管理中的漏洞和全程监控的必要性。

试想，在广东省3000多名报考100多个厅、县级领导职位的应试者中，又有哪位"庸才"能在"你死我活"的竞争中"脱颖而出"？参加省联合公选阅卷工作的80位专家学者，那80双慧眼，如同防治"非典"的红外线测体温仪一样——决不能失去公允，否则，自动进入仲裁程序。如果那样的话，"慧眼"将被识破为"瞎眼"或"睁眼瞎"。这样的干部人事制度改革尽管还在不断完善，但人们不得不从心底发出一个字：服！

肇庆市十届人大一次会议提出要加快建设"电子政府"，推行"电子政务"，以加强对财政预算资金和部门经费实施网络监控，并对国有资产进行全面监控。这是运用自然科学成果，支撑经济和社会管理的有效措施。这些做法，将从制度上、机制上、源头上有效地预防和解决腐败问题。纪检监察机关和有关部门在这方面应作积极的探索。

对于如何防治"非典"，胡锦涛总书记作过非常精辟的讲话："要依靠科学力量，充分发挥科学技术的重要作用，进一步认清病原，努力探索防治规律，有效地治疗、预防和控制疫病，战胜非典型肺炎疫情。"对于如何防治腐败，胡锦涛同志在中央纪委二次全会上指出："要深入研究，在发展社会主义市场经济和对外开放的条件下，腐败现象产生的特点和规律，探索和掌握加强和改进工作的新办法新措施。"

"非典"病毒入侵人的肌体，危害人的生命。腐败毒素入侵党的"肌体"，危害党员干部的政治生命，甚至危害党的执政地位，使党走向自我毁灭。如同防治"非典"一样，防治腐败，必须关口前移，切断源头，通过各种措施加强监控，加大打击力度，同时加强教育和警示，增强党员干部自觉抵制腐败的免疫力。

原载 2003 年 6 月 16 日《西江日报》

清心为治本　政绩耀千秋
——包公兴治端州的故事

天下闻名、妇孺皆知的"包青天"始于端州人民对包拯即包公的赞誉和褒扬。包公在端州任知州三年多，勤政为民，清正廉明，高风亮节。其英名铭刻在端州人们的心中，其政绩载入千秋煌煌史册。

包公在端州府衙清心堂面壁题诗《书端州郡斋壁》："清心为治本，直道是身谋，秀干终成栋，精钢不做钩。仓充燕雀喜，草尽狐兔愁，史册有遗训，无贻来者羞。"这是包公流传于世的唯一诗作。其意是说，做人要正直，为官要清廉，清心寡欲，乃正心修身之本。为官一任，造福一方。要使自己成为国家栋梁，就要如秀木般刚正不阿，顶天立地，不怕风吹雨打；要使自己成为精良坚钢，就绝不能被人随意扭曲，来作渔家钓钩；一方五谷丰登，仓库充实，燕雀都很高兴；开荒种植，除尽杂草，狐兔无处藏身而自然发愁。考证各地典籍史册，不少圣贤训诫，做人要正直，为官要清廉，否则只会留下臭名，世代受人唾骂羞辱。这是包公一生为人当官的政治准则，也是包公兴治端州的施政纲领。下面讲的是包公兴治端州的故事。

砚案

包公一生审案断案无数，公正廉明，彰显法理，其中包公重审砚案，足见他明察秋毫，为民伸冤，匡扶正义。

那是1040年，宋朝康定元年，在扬州天长县任知县的包拯升大理寺丞，调任端州知州（知郡事）。

当时的端州瘴疠横行,交通闭塞,被称为"南蛮之地"。历代朝廷都将贬谪或负罪的官员"远地州军",发配岭南。包公不计个人荣辱,慨然受命,轻车简从,千里迢迢地从富庶的中原来到这"南蛮之地",但见满眼荒芜田地,百业凋零,农民与砚民叫苦连天。

在府衙里,包公挑灯查阅卷宗。他首先翻阅近年来官府所判案例资料,发现其中有一个丹凤朝阳砚案疑点重重,便找来留守同知严守冠,问道:"那案中的罪犯罗大寿是什么人?"

严守冠答道:"他是一位砚工。"

包公指着卷宗问:"为何定他私藏贡砚罪?"

"这砚案是前任知州贾守文审定的。"严守冠蛮有理地回答,"罗大寿私藏贡砚就是有意对抗朝廷,触犯皇法,该当死罪,现在判他服刑十年,这已是从轻的了。"

包公侧目而问:"卷宗记录,罗大寿是年过半百的老砚工,他私藏的贡砚是谁人所造?"

严守冠支支吾吾地回答:"那砚是……是他自己雕刻的。"

包公沉思:既然这罗大寿是一位精于雕工的老砚工,就决没有私藏什么贡砚的必要。他见严守冠讲话时神态不大自然,心中已明白了几分。

翌日,包公下黄岗,赴砚坑,亲自来到砚民中进行调查研究,求取旁证。

却说端砚,乃端州一种名贵的特产,"易发墨,不损毫",乃砚中的极品,是中国文房"四宝之首"。用端砚磨出来的墨汁"隆冬不冰",写在纸上"虫蚁不蛀",备受历代文人的青睐,自唐代起就列为朝廷贡品,供皇帝御用。唐太宗曾在端砚上铭刻《兰亭序》,赏赐给开国功臣魏征;武则天也曾赐砚给功绩卓著的狄仁杰。唐代大诗人李贺曾充满激情地赞颂"端州石工巧如神,踏天磨刀割紫云"。那时,端州的不少官员为求升官晋级,用端砚去贿赂朝中的权贵。他们利用手中大权,以各种名堂,横征暴敛贡砚,使贡砚的数目比朝廷下达的数目增加几十倍乃至上百倍。而好的砚石极难开采:砚工们要挖黑暗潮湿的长坑道直抵西江底，整天浸泡在齐腰深的水中采挖，好不容易才能采到一块好砚石。"千夫挽缏，百夫运斤。篝火下缒，以出斯珍"，就是当时采砚石极为艰难的写照。采到砚石后，砚工们还要花费许多工夫去精雕细刻，呕心沥血才能制成砚台。这些年来，因坑道坍塌而葬身砚坑的砚工不在少数。一方方的端砚，实际上是以砚工们的血与汗换来的。端州老百姓不堪这敲骨吸髓般苛捐杂税的重负，有的近地躲藏，有的远逃他乡。本该是盛产宝砚的端州，却深受"砚灾"的折磨。百姓们痛苦地唱起了民谣："端溪石头多，百姓苦最多，自从贡端砚，百姓砸了锅。"

经过深入细致的调查后，包公得知前任知州贾守文以"私藏丹凤朝阳砚"将罗大寿判罪，其实是想杀一儆百，使砚民们任由贪官污吏来横征暴敛而不敢反抗。广大老百姓与官府早已势成水火，这一冤案若不平反，官府将无法取信于民，端州百姓将永远沉沦苦海。

包公痛感官场的腐败，下决心进行肃整，首先平反了那吓唬广大砚民的"丹凤朝阳砚"冤案，公开对罗大寿进行平反与补偿。

罗太寿蒙受天大的冤枉，叫天天不应，叫地地不灵，愤懑填胸却又无计可施，在牢狱里本来已经绝望透顶。今得包公平反冤案，还获补偿，叫他犹如在沉沉黑暗中蓦然地见到了青天，欣喜若狂，出狱之时，他跪在地上，对着茫茫青天，涕泪纵横，放声大呼。

"丹凤朝阳砚冤案"的平反对端州的大小官员与老百姓震动很大，"包青天"因此威名远播。随后，包公发布了严明的州令：官府对端砚"只征贡数"，即砚民每年完成了贡砚任务后，所开采得来的砚全归自己所有。今后，如果州衙的任何官员额外向砚民派贡砚，就按贪官污吏论处，依国法重重治罪。凡仕于端州者，买砚无过二枚。包公的这一措施，彻底堵塞了端州官员贪赃枉法的渠道。那些贪官对包公的这一做法恨之入骨，却又无可奈何。广大老百姓看到此告示后，奔走相告，纷纷重返家园，耕种务农，采石制砚，笑逐颜开。制砚业与其他行业出现了前所未有的繁荣景象。

打井

一天,穿着便服的包公带着包兴在端州的大街上走着,经过街边的一间小食店,听到有位中年食客与店小二在吵架。好奇心使包公停了下来,细听究竟。

那中年食客是一位砚工,名叫程石养。他指着摆在面前的一碗热气腾腾的河粉斥责店小二:"我买的是一碗汤粉,你怎么只给我半碗的汤呢?"

店小二说:"石养,你也知道,端州城里滴水贵如油。别人买一碗汤粉,我只给小半碗的汤水,我见你累得满头大汗,特意优惠你,已给你大半碗的汤了。"

包公听后,奇怪地走上前去,问店小二:"伙计,为何这样卖汤粉呢?"店小二打量包公片刻,开腔道:"听你的口音,是个外地人。我们端州缺乏饮水的情况你可能不知道。"

包公手指南边说:"那边不是有条西江吗?"

店小二点了点头:"西江水那么脏,江岸高,路程远,挑回一担水不容易,又不能马上饮用。"

包公也听人说过西江水里黄泥沙粒特多,"十斤河水半斤沙"。从西江挑回水后,先挑拣出里面的脏东西,再在水缸里放置两三天,让那些泥沙慢慢地沉到下面才能饮用。而不洁的江水经常会引起痛肚,甚至生病。

包公对包兴说:"我们到西江边去看看。"

西江畔,烈阳像火盆高挂在蔚蓝的天穹上,堤岸边的野花与小草被晒得耷拉着脑袋,地面冒起了袅袅的水汽白烟。

包公站在江边,放眼望去,滔滔西江,一片黄汤。江面上漂浮着从上游漂流而下的死猪、死鸡及枯枝败叶。

西江的汛期与枯水期水位落差很大。此时是枯水季节,来江里挑水的男女老少下到江边舀水放进水桶后,挑着水桶,咬着牙关,蹬着江边的石级,一步一步艰难地向上走。那情形,恰像攀山。当他们挑水上到堤岸边时已大汗淋漓、气喘吁吁了，只得先在堤岸上歇息过后，才有力气挑水回家。

包公走上前去，向一位体魄强壮的青年问道："你一天要来西江挑几担水呀？"

青年抹着满头大汗回答："我家住在城北，离江边很远，我每天来挑三担水，已经累得要命了。所以我们在家中用水尽量悭着，晚上经常连澡也不敢洗。"

"干了一整天的活儿，满身汗渍，没水洗澡那怎么行呢？"包公指着漂浮在江面的死猪死鸡，"饮用那样的水，很容易惹上瘟疫的呀。"

青年叹了口气："唉！马死落地行，没办法啦，做人没有水饮，可不行呀！"

包公与包兴一道从堤岸往下走去，一边走一边数着石级。

"啊？从上到下，足足一百二十三级。"包公说。

"要是端州的老百姓像我们天长县的老百姓那样，喝上干净的井水，该多好。"包兴接过话茬儿说。

"为官一任，造福一方。我们当父母官的要为百姓排忧解难，我们也在端州打井。"包公满怀信心地说。

回到府衙，包公召集了同知严守冠等官员，商议这件事。

当时，偌大的端州城里从未有人打过井，因而同知严守冠等官员抱着怀疑的态度问："不知道这端州城里打井行不行？"

包公道："凡事要试过才能下最后的结论。我想好了，要试就在我们府衙里面先试，做一个表率。"

严守冠苦着脸，双手往外一摊说："怎样打井，我们都不会呀。"

包兴说："我们在家乡打过井，包老爷还有不少打井的经验哩。"

听包兴这样说，府衙里许多官员都支持试试。

三天之后，一切准备就绪，包公庄重地拿起了铁锹，在府衙的草地上先挖下第一锹土。包兴与衙役们兴致勃勃地干了起来。

初时挖出来的泥土干巴巴的。

严守冠等人失望地摇了摇头，认为只会白干一场。

随着深度的增加,泥土的潮湿度越来越大,挖到一丈多时,一锹下去,有涌泉喷出,包公将涌泉的水先尝了尝,连声称赞:"好,好!犹胜甘露清泉!"

众人争尝过后,都称赞这井水甘美无比,宛若琼浆玉液。砌好井后,包公下令,附近的老百姓可以进府衙里的水井取水。消息传出,老百姓挑着水桶前来,平日冷冷清清的府衙比赶圩(湘、赣、闽、粤等地区称集市为"圩")还要热闹。

水井是明摆着,甜头是亲自尝到的,老百姓对此心悦诚服。

包公趁热打铁,与包兴言传身教,教老百姓学会如何打井。

在包公的倡导下,端州城内外先后打了七口井,其分布状如北斗七星。

水源干净了,瘟疫自然也没有先前那么的猖獗,老百姓的疾病少了。

沧海桑田,时间如流水般过去了近千年,现在肇庆城里还保存着包公所挖的两口井,一口在城里米仓巷内,井口有1米多宽,如今用两块大石板盖着;而保存得最为完好的当数城西龙顶岗西麓三联巷内的古井,该井呈圆桶形,以坚硬的花岗岩砌井盖,井深6.2米,内径1.4米,井口为0.75米。如今,石灰岩造的井栏上布满了道道的绳痕,清晰可辨的就有近二十道之多,最深的绳痕竟有6厘米深。岁月留痕,历年百姓从井里汲水的盛况可窥一斑。现在井里清泉依旧,甘洌无比。人们为了缅怀造福百姓的包公,亲切地把这口井称为"包公井"。

排沥

包公带着王朝、马汉等人到城外巡察,当他们来到北岭山下的七星岩旁边,见到这里田地连片,却是杂草丛生,野兔与狐狸不时出没,在残阳夕照下发出阵阵哀鸣。

包公见那边有炊烟袅袅升起,便朝村子走去。这户人家一贫如洗,家徒四壁,在屋里生火做饭的是一位姓覃的老汉,锅里煮着稀得不能再稀的红薯汤,在一旁的几个小孩面黄肌瘦,此时饿得按着肚子,哇哇大哭。

包公指着门外的那一大片荒草地，感慨地问："老伯，那边一大片田地无人耕种，你们吃得这般差，岂不是拿着金饭碗去当乞儿？"

覃老伯长叹了一口气说："大人，你有所不知，那田不能耕种呀！"

包公奇怪地眨着眼睛问："我察看过那片土地是肥沃的，杂草也能长得半人高，为什么说不能耕种呢？"

覃老伯解释道："大人初来乍到，有所不知。那田地确实肥沃，但一旦发起洪水，或者下起大雨来，旁边的沥水就会浸上来，那里便会变成一片黄汤。如果种下庄稼，就全都被淹了，几天后，根部就会沤烂。我们种过许多次，一年忙到头，连种子也白白赔掉。"

"如此说来，那地是没得救了？"包公说。

覃老伯百般无奈地摇了摇头说："没得救，没得救了。"

见到当地村民的生活如此困苦，包公怀着沉重的心情，步履维艰地离开了村子。包公一边走一边想：如果不能为民解难解困，不但有负朝廷重望，自己也白白在此为官一任。

包公带着王朝、马汉等人再到沥水那边视察，发现这里的农民把庄稼种到地里就撒手不管了，只是望天打卦，任由它自生自灭。风调雨顺时，就有点收获；天时不好就颗粒无收。包公想起了家乡庐州、合肥与天长县农民的耕作情况，想到了中原的农民挖沟排水的耕种技术。

要农民能够种好地，水利是命脉。在勘查地形地貌之后，包公作出了一个大胆的设想：挖沟开渠，排沥筑塘。

当地村民对此半信半疑，而包公身先士卒，卷高裤筒，带领府衙的人首先行动。

村民们见府衙里的人亲自动手，这是从来都未曾见过的事，便都拿起了锄头铁锹，纷纷加入了挖沟排沥的行列。

连续干了十多天，纵横交错的沟壑挖好了。由于修治了水利，当大雨来时，平日为患的沥水统统都从那些沟渠排走了，田地的土质得到了彻底的改良，耕地面积大为增加。

但是一波未平，一波又起。恰逢汛期，西江河水泛滥，淹没街道，许多百姓无家可归。

是什么原因造成西江河水泛滥成灾呢？经过调查，包公了解到乃河道阻塞不通，水排泄不出去的缘故。原来当地的官绅依仗权势，侵占河道，在河两岸霸地筑堤坝，将坝内的水面据为己有，大造豪宅园林，水榭歌台，种花养鱼，并且同自己的住宅连在了一起，成了水上花园，搞得河水受阻，形成隐患，严重威胁城中百姓的生命财产安全。

包公拍案而起，立刻下令，要将这些阻塞河道的建筑全部拆掉。砚绅薛震不肯拆除自家豪宅。包公派王朝、马汉再三催促。薛震还强词夺理，拿出一张地契，硬说那块地是他的祖传家业。经过详细检查，包公发现地契竟是薛震伪造的。包公气愤填膺，勒令薛震限期拆掉宅院，否则动用厢军清拆，一切费用由薛震承担。薛震一看包公来真的，只好乖乖地把大宅拆了。

拆了违章建筑之后，包公带领百姓到江边修筑堤坝，并在堤上广种榕树，以防水土流失。西江河水患初除，堤坝及排洪渠起到了防洪防涝的作用，百姓安居乐业，农民增产增收，感恩戴德。

包公发现当地农民耕作速度很慢，细细查看，见他们用的原来是木犁头，便教他们学中原的农民，用铁包犁头，这样一来，翻耕土地比以前快了许多倍。

当年，包公带头垦荒拓耕，发展生产，示范试种了庄稼，结果大获丰收。事实是明摆着的。村民们的干劲提起来了，日出而作，日落而息，各自垦荒种植，到了丰收的季节，望着一片金黄的稻穗压弯了禾秆，农民们都乐得合不拢嘴。端州地域的生产出现了前所未见的高潮，人们初尝了丰衣足食的甜头。包公修建粮仓，名曰"丰济仓"，储存粮食，预防灾荒。如今肇庆城里，"米仓巷"依旧存在。

兴文

包公来到端州任知州后，对自己与家人要求十分严格，对于经济生活的要求并不高，他与夫人、儿子所住的宅所又小又旧，大雨来临之时，大厅与一些房间还经常漏雨。

当时,端州有位著名的豪绅名唤沈殿坤,为了巴结包公,找上门来,向包公说他现在的住处完全不像是知州的府宅,有失朝廷命官的尊严,并主动提出愿意带头捐赠,召集当地的各乡绅出资,替包公新建一所豪华的府宅。

包公初时直言相拒,当沈殿坤百般扫兴地走出大门口时,包公又把他叫了回来,点头同意,但提出了一点要求:那新府宅要按包公自己的设计方案来兴建。

沈殿坤等人喜出望外,以为这一回包公上当了,以后就可以凭此事找到官府这个大靠山。于是连夜筹谋,凑足银子。

十多天后,包公将府宅图纸交给了沈殿坤,并指定要在风景秀丽的宝月塘旁边划地兴建。

沈殿坤见包公设计图纸里面的结构有些特别,但碍于这是知州大人亲自设计,便没有再细究根由,只是择吉日开工。

同知严守冠等人得知此事之后,细斟密议,包公一向大公无私,清正廉明,为何这次却如此明目张胆地承受端州豪绅们的赠礼呢?有人说这是触及到自身利益,谁不收受?有人说这是变相敛财的一种巧妙手法。

沈殿坤这一回煞费苦心,见包公肯上钩,喜滋滋的,心想:现在我舍得金弹子,打下的却是金凤凰。于是,他出头找来端州城里手艺最好的工匠,日夜动工,并不时到工地去督促施工,检查质量。

三个多月后,一座气派宏大的府宅屹立在宝月塘畔。沈殿坤盛情邀请包公到那里巡看。包公在那新建的府宅进进出出,巡看过后,笑容大开,赞不绝口,并声言明天正好是乔迁吉日,决定明天在此揭幕进宅。

当天深夜,百姓们都已进入梦乡了。包公派王朝、马汉在那所新建的府宅大门正中央挂起了早已准备好的横匾,并且用红布遮盖着。

翌日,朝阳喷薄,秋风送爽,沈殿坤与那帮乡绅齐集在宝月塘畔。包公与府衙的大小官员一齐到来,其排场也是蛮大的,引来无数百姓围观。

揭幕仪式开始,只见得锣鼓喧天,鞭炮齐鸣,包公站在大门口处,手执绳子，一把将遮盖在横匾上的红布揭开。众人举头望去，愕异万分。沈殿坤惊诧得嘴巴张得大大的，好久也合不拢。大门口正中的酸枝木牌匾上刻着四个铁划银钩的大字："星岩书院"。

原来包公来到端州后，见当地大人识字的并不多，小孩大多数是文盲，没有书读，到处流浪，打架滋事。包公将此看在眼里，急在心里，痛感在端州兴文办学的迫切性，有几位老书生自愿来当教师，但找遍了端州城，找不到一处合适的办学宅所。如果要修建一所新的书院，穷困的州衙又拿不出多少银子来。为此，包公寝食不安。

适逢此时，沈殿坤等人要巴结包公，曲意逢迎，提出要替他新建一座豪华的府宅。包公细思过后，觉得这些豪绅的钱财是剥削老百姓得来的，现在趁此机会来放放他们的血，不过是要他们还财于民，这不失为一个借鸡生蛋的好办法，于是佯装应允，并叫人依照中原的书院结构来设计图纸，让沈殿坤等人按图施工。

沈殿绅等人果然中此圈套，大兴土木；包公也因此圆了兴文办学的梦，这对传布中原文化，培养人才，移风易俗，有着极为深远的影响。

包公在端州以法治州、以教兴邦的佳话，流传至今。

掷砚

包公在端州当了三年知州，替人民办了许多实事：在府衙附近兴建商业区，又名"富民坊"。还在端州著名的嵩台山建了一所驿站，取名"嵩台驿"，接待来往公务人员与传递公文。

广南东路提点刑狱周湛、同提点刑狱钱聿前来端州视察，见这里百业兴旺，民风淳朴，向老百姓作调查，众人对包公勘政为民与清正廉明喷喷称赞，有口皆碑。周湛、钱聿大悦，心情愉快地与包公同游七星岩。包公在岩壁上挥笔题字："提点刑狱周湛、同提点刑狱钱聿、知郡事包拯同至。庆历二年三月初九日题。"

周湛向皇上呈奏折，赞包公政绩彪炳，是栋梁之材。宋仁宗于1042年下旨调包公到开封府，升任监察御史里行，又改监察御史。

同知严守冠与府衙的官员送一些地方特产及礼物给包公，却被他一一拒绝。包公怕惊扰端州的老百姓，与包兴等人悄悄地收拾行装，趁街上行人稀少的时候，谢绝了端州官员的相送，离开府衙，直奔西江边。升官是一件荣耀的大事，按惯例可以趁机大肆渲染一番，以扩大自己的知名度；还可乘坐官府的豪华大船启程。但包公对一切都低调处理，谢绝了府中官员到江边相送，只是租了一条平平常常的乌篷船，带着家眷与包兴上船离去。

乌篷船在西江顺流而下，来到羚羊峡时，本来是万里无云的天空突然乌云翻滚，随即而来的是雷鸣闪电，狂风骤起，暴雨如盆。雨箭一般射到西江河面上，激起白茫茫的水花，掀起三四尺高的惊涛。乌篷船在惊涛骇浪中颠簸着，那位年近花甲的老艄公也脸呈惧色，讲话时声音也有点颤抖，说他在西江河上风里来雨里去，行船已四十年，却从来都没有见过这样奇异与可怕的情景。

一股热血冲向包公的心坎：这奇异的迹象似是天怒人怨。他心想，自己来到端州做官三年，清正廉明，为老百姓办的都是实事，缘何今天会出现这种异常情景呢？难道是自己的家人做了对不起天地良心的事？于是包公追问妻子董氏与儿子包意，妻子与儿子都齐声表白从来都没做过有违天理良心的事情。包公正在百思不得其解的时候，包兴搭上话头来，问："老爷，这件事情不知道与端砚是否有关？"

包公奇怪地说："包兴，你何出此言呢？"

包兴说道："老爷，你记得吗？前天同知严大人来过，说你在端州为官三年，政绩显著，老百姓感激不浅，有位老砚工亲自雕刻了一方老坑的'鹏程万里砚'，托他转送给你。"

包公点头说道："我前来端州为官，务实为民，不持一砚归。前天我不是把那方端砚退与严同知，叫他交还给老砚工吗？"

包兴如实将真情相告："后来，那位老砚工又亲自找上门来找到我，说老爷你返回京城，要日理万机，终日离不开纸笔砚墨。而京城位于北方，天寒地冻，用端砚磨墨，可防墨汁结冰，这样更有利于你的公务。他苦苦央求后，硬是将那方'鹏程万里砚'塞与我，叫我返到京城才交给你。我觉得那老砚工的话有一定道理，便暗中收下了。"

包公听后，气得本来已是黑色的脸更加黑了，责备道："包兴，你怎么如此糊涂呢？你这样做，与我前来端州做官的本诣不是相悖了吗？"

包兴耳根火辣，脸颊红得像煮熟了的虾一样，忙说道："老爷，我明白了，我这样做，不仅会毁了老爷为官的清誉，而且还会助长世上那种不正之风。"

包公追问道："那方端砚现在哪里？"

包兴指了指船舱说道："在我的行囊里面。""快快拿来！"

包公厉声说道。

"是！"包兴应罢，走进船舱，拿来了一黄布小包。

包公将黄布打开，一方端砚赫然入目：这十寸大的老坑砚，显然采自斧柯山，里面的鱼脑冻、鸲鹆眼、火捺、青花、冰纹、金银线一应俱全。上方雕刻着一只展翅奋飞的大鹏，鬼斧神工，栩栩如生，惟妙惟肖。

"果然是一方名贵宝砚！"包公赞叹道。

包兴说："老爷，我们就把这方端砚带回京城去吧。总之下不为例。"

包公严肃地说道："这样的事情还有下一例吗？严于律己，要从每一件小事做起。"

"现在该如何处置呢？"包兴问道。

包公浓眉皱锁，一言不发地沉思着。忽然，他拿着端砚走到船头，朝端州的方向鞠了三个躬，随即奋臂一扬，把端砚连同黄布往西江一掷，"咚"的一声，水花迸溅，端砚悠悠地沉到江里面去了，黄布随流水漂去。

包兴与董氏大吃一惊："老爷，你？"

包公一脸正色地说道："端砚是端州的，现在我将它归还于端州人民。"

说来奇怪，端砚掷到江心之后，刹时风平浪静，云收雨霁。朗朗青天，艳阳高照，送包公的轻舟顺流远去。

"包公掷砚"的故事虽然有点神奇，但却流传千古，历久不衰。从此之后，老百姓将在西江上隆起的那个状似端砚的洲岛称为"砚州"，在砚州不远处那片黄沙滩被称为"黄布沙"。后人在砚州上修建了包公祠，又在不远处的鼎湖山上修了一座"掷砚亭"，在肇庆城西也修建了包公祠，皆游人如鲫。20世纪80年代，人们叩开了包公的千年墓穴，发现里面只有一方宋代的抄手砚——歙砚，并没有名贵的端砚。由此可见，包公"不持一砚归"的传闻乃属史实。

包公清正廉明的德行深受世人的称赞。经权威专家考证，"包青天"的英名始于端州。安徽合肥是包公"出生地"，广东肇庆端州则是包公"成名地"，河南开封是其"扬名地"。包公在端州的事迹，宛如逶迤东去的西江水一样，源远流长；包公的诗，更值得一读，特别是从政为官者，更应该把它作为耳提面命的诗教，弘扬清官遗风，做一个包公式的清官、好官。

收入广东省纪委编《政声人去后》一书。

本文合作者为肖又喜、何初树

陪孩子读书的感觉真好

前不久，读了《羊城晚报》"街谈巷议"国标先生的言论：男人的港湾。掩报之余，很是玩味了一番。由此，生发出一种感慨：男人的业余价值应怎样体现?!

近日，笔者找到了一种新的感觉——陪孩子读书，真好！为什么陪？高考临近，备战需要；检阅一番孩子的知识库存，尽管这一点我并不胜任；把自己的一些知识积累与孩子分享，使孩子在高考中多抓一些分数；把增压变成鼓劲，使孩子增强信心；多听听孩子最需要什么……当然，还不止这些理由。

怎样陪？看护式、陪衬式抑或指导式？这些都不好，还是平等的"同学式"好。这样，孩子愿意和家长交流，家长也不会因为有些观点和看法并不正确而难堪。这样，才会有真正的沟通与交流。

于是我从 ABC 开始，从基础工作做起。以语文为例，我首先把近年高考试题中"容易读错的字"汇集誊写在一块儿，标上读音；把我平时掌握或注意到的多音字如"壳"、"吓"等等也汇编到一起。这样做，可以帮孩子节省很多时间，并可较集中地反复阅读、揣摩。对于标点符号的使用，则运用对比法，与孩子一起反复对比哪一种标点符号更适合在句子中使用。其次，对于阅读文字、调整语序这类考题，我对孩子说要运用"意象联想"的方法，把大自然和生活中的高、低、远、近、大、小、虚、实的景物或人体部分，合理系统地排序。如"高耸的冰峰、巨大的雪岭、奔腾不息的江河、晶莹透彻的湖泊、数也数不清的珍禽异兽"。第三，对于人们既看重又生畏的作文题，我先与孩子一起分析其写作能力和写作基础，估算写一篇800字的文章可在50分钟内完成，而高考的作文时间分配，大体可安排60分钟。这样，就确定了一种"战术"——10分钟审题并拟就提纲。审题，着重从试题给出的文字尽快准确地理解中心思想和意义取向，然后根据"话题"推敲标题和提纲。标题要紧扣主旨，立意深远，表述新颖。至于选择体裁，则可采用孩子擅长的文体（试题允许的话）。我把近年高考的一些作文题反复阅读，分析其主要观点，用自己的语言去表述，并征询孩子的看法。得到认同后，我对孩子提出，要扩展思考，要更高、更深、更广、更远、更贴近自己周围的学习和生活环境。这时候，孩子会把很多看法和想法说给你听。

这时，你会在内心发出：陪孩子读书的感觉——真好！

原载2005年5月4日《西江日报》

血性军人

冯小刚导演的《集结号》，以恢宏的场景视觉、震撼的音响效果、血腥杀戮的具象刻画镜头，以大跳跃式的故事情节，以人本主义的个性描写，再现了1948年中国人民解放军华北野战军独立师136团3营9连与国民党军队作战的悲壮场景——除连长谷子地以外，全连48人全部壮烈牺牲！

更令人悲痛的是，为中国革命英勇献身的48名军人，被有关部门认定为"失踪"；而充满血性、视死如归、战功赫赫的谷子地也被有关部门以"身份不明"为由进行调查、问讯。他多次击溃数倍于我的敌军，却被自己的同志连番审问，一怒之下，不得不举起木凳猛砸……

在朝鲜战争的一次战斗中，一名志愿军指挥官不慎踩着地雷，在生与死的考验中，谷子地沉着地救出了这名指挥官。生死之交使这位指挥官积极向上级反映，最终，使9连的冤案得以平反昭雪。烈士墓前，谷子地接过部队首长颁发的49枚"解放勋章"！

当年的团部司号员说出了一个秘密：在都场阻击战中，团部为了保存实力，不惜牺牲在前线御敌的9连官兵，最终团长没有发出集结号令。听到这一消息，谷子地肺都要气炸了，甚至不顾劝阻，狠狠地痛骂早已在九泉之下的那位团长……

在中国革命史上，受到莫大冤屈的又何止谷子地和他的9连？！古云："一将功成万骨枯。"

对同志的是与非、对事物的真与伪，认定须慎之又慎！

谢志峰先生铜像碑记

谢志峰，原名祝新，笔名春风，斋名节香楼主，1937年生，广东梅县人。谢志峰先生多年从事文物鉴藏，是广东省中国文物鉴藏家协会会长、专家委员会主任委员。著有《中国青铜兵器史》、《中国当代名家书画点评》、《陶瓷砚史》等。早在20世纪80年代初，谢志峰先生首先提出"藏宝于民，国宝归国"的理念，先后十多批将家藏文物献给国家。2002年荣获"世界华人保护华夏文物卓越贡献奖"。

肇庆——中华四大名砚之首端砚故地，2004年获授"中国砚都"称号。然而，肇庆市博物馆却一直欠缺历代古端砚。谢志峰先生多年蕴含"砚归故里，还宝于乡"的理念，2006年决意将所藏历代名人名家之古端砚捐献肇庆。2009年元月元日，肇庆派员前往谢志峰家中，深表由衷谢意，协商接赠事宜，欣喜达成共识。

昔贤者有言："人有善愿，天必从之。"2009年2月28日，肇庆市隆重举行"谢志峰王秋英伉俪捐赠古端砚仪式"；肇庆市博物馆特设"谢志峰藏古端砚馆"。谢志峰先生偕夫人王秋英女士以及亲属一行，亲临揭幕，116方古端砚光彩重生、展现世人眼前。肇庆授匾"盛德留芳"于善翁，以表德泽砚都、大公无私之义举。

百玉易得，一砚难求。谢志峰先生节俭清廉，罄一生之积蓄，觅天下历代之名砚。尤其对有着深厚历史积淀的古端砚孜孜以求、爱不释手、呵护有加、潜心钻研，因而立"以物见史，以物论史"之理论，往往以掌中之砚佐证世事、印证历史、日积心得；所藏之古砚多配原装木盒，且多出自宫廷木匠之手，当中甚有镶嵌玉石，十分名贵，叹为观止。

为纪念谢志峰先生向肇庆捐赠百余方古端砚,留馨百世、惠泽千秋之善举,以表热心公益、无私奉献之精神,特制谢志峰先生铜像一尊,立于"谢志峰藏古端砚馆"。谢志峰先生铜像形神兼备为王秋英女士审定。

世人赋诗为记:"儒雅风骨度人寰,沧桑世事历心间,潮起潮落桅帆过,情怀高尚寄云天。鉴藏集萃数十年,千秋岁月在眼前。国宝归国还夙愿,砚都万民传美言。"

肇庆市博物馆立
2009 年

科学与文化
——一双腾飞的翅膀

科学,即反映自然、社会、思维等的客观规律的分科知识体系。文化,即人类在历史发展过程中所创造的物质财富和精神财富的总和,特指精神财富。我认为,科学文化本来就是一个固定的词组,科学与文化两者之间的关系是:相互依存、相互补充、相互升华,是一双腾飞翱翔的翅膀。科学发展与文化建设,是新时期党中央提出的两个新的重大课题,更有着密不可分的关系。科学发展观,强调第一要义是发展、核心是以人为本、基本要求是全面协调可持续、根本方法是统筹兼顾。在我们党的历史上,文化建设第一次与经济建设、政治建设、社会建设放到一起,可见文化建设在社会中的地位和作用,在经济中的参与度和影响力都非常彰显。我认为,科学发展与文化建设两者之间的关系是:互为依托、互为动力、互促成果。科学发展观是文化建设的统领,文化建设将使科学发展观内化成广大人民群众的自觉行动。

学习实践科学发展观,使我们以新的理念,落实党的十七大提出加强文化建设的战略任务。党的十七大号召全党"要坚持社会主义先进文化前进方向,兴起社会主义文化建设新高潮,激发全民族文化创造活力,提高国家文化软实力,使人民基本文化权益得到更好保障,使社会文化生活更加丰富多彩,使人民精神风貌更加昂扬向上"。这既体现了我们党对中国先进文化建设的连贯性和继承性,又体现了我们党在新的历史起点对当代中国社会主义文化建设的新要求。社会主义文化作为当代中国经济、政治和社会发展观念的能动反映,必须不断提高自身的水准,增强引领经济、政治和社会健康发展的能力。省委书记汪洋强调:"当前,在建设宜居城乡中,要加强文化建设。"因而我们要以新的理念指导文化建设。这种新的理念,即经济的一半有文化,文化的一半有经济。随着经济和文化的共同发展,文化产业占GDP的比重将越来越大;文化事业对GDP的推动力和贡献率也将越来越大。这种新的理念源于科学发展观,最重要的体现是以人为本、全面发展。市委十届六次全会强调,建设和谐文化,提升文化软实力。这是从科学发展的战略高度提出的重大任务。这是从我市要成为未来广东发展的新增长极,成为能够代表广东科学发展成果的城市的重大目标提出的战略任务。因此,我市加强文化建设既任重道远,又是当务之急。

学习实践科学发展观,使我们以新的定位,实施《珠江三角洲地区改革发展规划纲要》赋予文化系统的任务。《纲要》首次从国家层面将肇庆纳入珠三角主体发展规划,为我市发展带来了千载难逢的机遇。抓住贯彻落实《纲要》机遇、乘势而上、加快发展、科学发展,对肇庆今后的发展意义重大、影响深远。市委要求,要结合本地本单位实际,进一步明确贯彻落实《纲要》的重点领域、重点工作和关键举措,找准结合点、着力点,以高度的政治责任感和攻坚破难精神,狠抓工作落实,为实现肇庆科学发展新跨越作出贡献。因此,我们要在实施《纲要》赋予文化系统的任务中,对肇庆这座国家级历史文化名城给予新的定位,如"最具岭南文化特色展示区"(展示远古文化、广信文化、禅宗文化、科举文化、中西文化、包公文化、龙母文化、端砚文化、水系文化等等),同时,争取成为"全国公共文化建设创新区"、"广东省文化产业重点发展区"。我们要力争这三大文化项目列入全省文化软实力框架和实施《纲要》的具体发展项目,努力争当广东省文化建设排头兵,成为探索文化事业科学发展模式试验田。学习实践科学发展观,使我们以新的思维,推动文化事业繁荣发展。党的十七大强调,要进一步推动社会主义文化大发展大繁荣。市委市政府提出了"文化名市"战略。这是完全符合肇庆实际,符合肇庆人民意愿的重大系统工程。我们必须以新的思维方式去构思、去考量、去推进这个重大系统工程。从硬件建设来看，市委市政府加大了对公共文化设施的投入。去年，给文化部门安排了40亩建设用地、2000万元专项经费，用于新图书馆建设；今年，继续安排2000万元。与此同时，安排了500万元用于粤剧演艺中心建设；安排了数百万元用于文物景区修缮。对于肇庆这个欠发达地区，无疑是一笔巨大的投入。作为文化主管部门，必须以高度负责的精神，管好用好这笔财产。对每一个工程项目，都要做到科学谋划、合理布局、规范操作、节约开支，力求以有限的资源，达到使用功能和使用效果的最大化，达到艺术效果与科学利用相统一。目前，仅图书馆设计招标，就引进了全国共16家甲级资质的设计单位参与设计，设计方案将广泛征求市民意见。从软件建设来看，我市去年开展了"文化建设年"活动，取得了一定的效果；群众文化也有较好的基础。作为文化主管部门，必须转变思维方式，从微观办文化到宏观管文化，从管脚下到管天下，从养人做事到花钱买项目，从而推动更广泛的文化精品创作。与此同时，要全面实施文化低保工程。大力实施好全国文化信息资源共享、农家书屋、农村电影放映、广播电视村村通、乡镇综合文化站和基层文化阵地建设等五大文化惠民工程。

  学习实践科学发展观，使我们以新的创意，促进文化产业升级换代。肇庆的文化产业虽然有悠久的历史，且有自己的特色，但又有较大的局限性，主要是资源型制约了规模发展和集约推进。以传统的端砚和玉器加工为例，虽然创造的价值都很大，但这两种产业都是耗费资源、耗费时间、耗费劳力的粗放型经营模式，难以批量生产。如果赋予新的创意、采取新的运作模式，则有可能批量生产并提高其附加值——去年的奥运贵宾礼品砚就是例证。又以竹器加工和古法造纸为例，如果赋予新的创意、采取新的运作模式，则有可能不断增加使用功能，甚至引入新的投资主体，从而进一步扩大生产。再以我市近十多年前引进的文化产业为例，水性油墨和吉他生产，如果在生产工艺和销售方式上增添创意，则能使生产者与使用者更好地互动，从而培育更大的销售市场。如今，新兴的文化产业正方兴未艾，如动漫产业和创意产业园，这本身就需要构思的创意、生产的创意、展示的创意。最近，我们文化部门与有关部门正在按照市委市政府领导的意图，积极筹备参加第五届中国（深圳）国际文化产业博览交易会。我们将以新的创意，整合肇庆的文化产业，展示肇庆的文化底蕴，展现肇庆的文化产业广阔的发展前景，争取引入新的投资合作伙伴。

学习实践科学发展观，使我们以新的模式，激活文化体制适应市场经济。我们要更加准确地把握文化发展方向和文化发展规律，探索建立符合科学发展观要求、与社会主义市场经济相适应、充满生机活力的体制机制，使文化建设始终体现时代性、把握规律性、富于创造性。我们现在的文化体制是计划经济时代留下的建制和经营模式，人员观念老化僵化，管理机制不灵不活。特别是剧团的艺术生产，长期处于等、靠、要，创作欲望和创作能力固化，队伍缺乏创新性和战斗力。我们要探索新的运作模式，使经营性文艺团体适应市场经济，各类人员各司其责，各展其才，各得其利；使各个文艺团体管理到位，业务蓬勃，事业兴旺。公益性文化馆场要引入市场竞争理念，使人员优胜劣汰，能上能下，管理规范，服务优质。从而带动整个公共文化服务体系健康发展，更好地满足人民群众的精神文化需求。

学习实践科学发展观，使我们以新的姿态展现文化队伍的朝气和活力。当前，肇庆在全力实施《纲要》，肇庆的经济在抵御全球经济危机中面临大发展大繁荣的机遇，肇庆的文化在国际经济社会大萧条中也面临逆势大发展大繁荣的机遇。关键是要审时度势，把握机遇，主动应对。我们既要充分认识和发挥人民群众在文化建设中的主体作用，又要充分调动广大文化工作者的积极性和创造性，以新的姿态、新的动力，投身到文化建设的各项工作当中。我们要以深入学习实践科学发展观活动为契机，加强队伍建设，展现文化队伍的朝气和活力。经过改革开放30年的洗礼，广大文化工作者应以更加昂扬向上的精神和意志，积极主动地为人民群众提供丰富多彩的精神食粮。我们要始终围绕中国特色社会主义建设需要和使人民共享文化成果两大目标，更加自觉、更加主动地进行文化建设，进一步推动肇庆经济社会科学发展、和谐发展、跨越发展。

2009 年 4 月 13 日

全力推进文化产业大发展

编者按

今年以来,国务院出台了《文化产业振兴规划》;省委、省政府也出台了《关于加快提升文化软实力的实施意见》,明确提出了未来5—10年广东文化发展的总体要求。为进一步深化我市文化体制改革,今年5月,我市出台《肇庆市关于进一步扶持文化产业发展的若干配套政策》,提出从2010年起,一定三年,市政府每年安排200万元作为文化产业发展专项资金。

在7月30日举行的全市宣传部长会议上,市委常委、宣传部长陈以良指出,要抓住国务院《振兴规划》和省委、省政府《实施意见》的贯彻,按照我市文化建设要成为"广东省文化产业重点示范区"、"岭南特色文化展示区"和"公共文化建设创新区"的新定位,积极推动文化名市向文化强市迈进,全面提升我市文化软实力。

为此,本报专设提升文化软实力论坛栏目,邀请相关部门负责人、专家学者,就如何提升文化软实力撰写专题文章,为我市向文化强市迈进建言献策。系列文章今起将陆续刊出,敬请读者垂注。

肇庆作为国家历史文化名城,文化资源极其丰富,如何贯彻落实好国家和省的战略决策,推动文化产业快速发展,我认为有以下五个方面:

一是充分发挥文化引领作用,树立文化增值意识。我们应该解放思想、创新观念,树立全新的文化产业意识。一直以来,人们过分强调了文化的事业性和公益性，而忽略了文化的产业性和经济性。我们要树立文化增值意识，加快文化与经济的融合，从过去文化被动"增支"向文化主动"增收"转变，要充分挖掘和开发利用我市丰厚的文化资源，促进文化资源向文化资本转化，提高文化产业增加值比重，切实提升文化软实力，实现社会效益与经济效益的相统一和最大化。要建立全市文化产业统计制度，使之为市政府调态产业政策提供决策依据，同时在把文化产业的社会效益放在首位的基础上，让文化产业的经济效益，特别是在文化产业增加值方面有一个量化的具体体现。

二是充分发挥示范辐射作用，树立文化项目意识。加快推动我市文化产业发展必须做好战略定位，要确立文化产业发展的优先次序和主导结构。因此，我们要树立文化项目意识，划定重点区域，扶持重点文化产业项目做大做强做优，发挥重点产业项目示范辐射和带动作用。要结合肇庆的实际，以肇庆丰厚的人文资源和优质的地缘环境为依托，重点发展壮大文化旅游业、工艺美术业、传媒信息业、文化用品制造业、养生休闲娱乐业等支柱产业，着力培植创意产业、广告会展业、动漫软件业、艺术培训业、影视拍摄业等新兴附加值高的产业。

三是充分发挥特色文化作用，树立文化精品意识。我们必须树立文化精品意识，大力发展肇庆特色的文化产业项目，使其成为"广东省重点文化产业示范区"的精品文化产业和品牌。重点要打造端砚文化品牌，继续擦亮"中国砚都"牌子，加强对端砚资源的保护和开发利用，大力培育端砚制作技艺传承人，重点推进广东省新十项工程规划项目的"中国砚都（肇庆）端砚文化特色产业集聚园"建设；要打造宋文化品牌，加强对城区各文物景点景区的保护和开发利用，加快推进广东省新十项工程规划项目的"肇庆古宋城保护与开发利用项目"建设；要打造水系文化品牌，充分利用肇庆作为全省最丰富水资源的地域和与水有关的历史人文资源，以建设人水和谐的水利工程为目标，采取多种形式，运用多种手段，不断丰富和提升水系文化内涵及其对经济社会的承托作用。

四是充分发挥文化多元作用，树立文化合作意识。首先，要制定出台一系列文化产业扶持发展政策，营造优质的文化产业发展环境，建立多元化的文化投资融资体制，拓宽文化融资渠道，加大文化招商引资，推动跨地区、跨行业联合或重组，发展壮大特色文化企业；其次，加强文化交流合作，以共建广佛肇文化圈为载体，大力实施文化"走出去"工程，积极参与和组织各类文化对外交流活动，充分利用各种博览会、交易会等会展活动，扩大对外文化贸易；第三，加大文化合作和资源整合，积极培育发展多媒体广播电视、网络广播影视和手机广播电视等新兴产文化业态。

五是充分发挥领军人才作用，树立文化人才意识。发展文化产业和其他产业一样，人才是关键。要大力培养和引进一批高端文化人才，着力培育、引进一批国家级、省级的文化艺术大师和文化创意、文化产业领军人才；在目前我市有10名国家级工艺美术大师、17名省级工艺美术大师的基础上，建立文化产业人才库，通过大量培养本地领军人才，引进外地精英人才，共同促进文化产业发展。

原载2009年8月22日《西江日报》

古端名砚精选之序

砚,中国文房四宝(笔、墨、纸、砚)之最厚重的文化结晶;端砚,因其石品上好,选材考究,构思巧妙,工艺精细,内涵博大,功用奇特而位列四大名砚之首。肇庆市于2004年荣获"中国砚都"称号;2010年岁末,端砚以最高票数入选"岭南文化十大名片"。端砚承载历史、承载文化、承载艰辛、承载历代名人挥笔之豪气与笔耕之辉煌成果,更承载黎民百姓研墨与治学之坚持。方寸之间见寰宇,墨堂之处写春秋!

从"踏天磨刀割紫云",到精雕细刻巧如神;从制砚、用砚、赏砚、贡砚,到藏砚,无不凝聚了一代又一代砚工、制砚大师和文人墨客的心血,也凝聚了收藏家的那份用心和坚持,那份惜砚如子、悉心呵护的情怀!

著名文物收藏鉴赏家谢志峰先生就是当代众多鉴藏家之一杰。谢志峰原名祝新,笔名春风,斋名节香楼。谢志峰先生把全部业余时间都投入到文学、书画、文物的研究,致力于文物收藏,苦心收集中华民族五千年文化之精髓于节香楼上,其藏品之丰、品位之高、系列之全而名扬海内外。他提出"藏宝于民,国宝归国"的理念,并身体力行,先后十多次将家藏文物捐献给各地博物馆;在藏品学术研究上,谢老提出"以物见史,以物论史"的学术观点,经他研究出版的专著达17部之多。谢志峰先生潜心研究,硕果累累,荣获世界华人保护华夏文物卓越贡献奖和世界名人传记文学成就金碟奖。

谢志峰先生是当代名副其实的"砚癖"。在他收藏的系列文物中,以古端名砚最为凸显。四十多年来，他不断执著地在文物市场和民间收藏家中寻觅历代名人使用、藏玩过的端溪名砚。他寻得的宝砚，为唐、宋、元、明、清、民国各个时期之上乘之作。这些古端砚品位孤高，且大都配有原装木盒，木料上乘，制作精妙，多出自宫廷名匠之手；有的木盒还镶有玉石，真是锦上添花，流光溢彩！正如好马配好鞍，名将佩名剑！对于收藏到的每一方古端砚，谢志峰先生都细细品赏，研究解读每方砚的源流、形质以及文化内涵。2006年3月，肇庆市博物馆邀请谢志峰先生到该馆举办"谢志峰藏历代端溪名砚展"，并邀肇庆端砚界、书画界等人士一起举办了"谢志峰藏端说砚研讨会"，肇庆市委、市政府主要领导参加了展览开幕式。时任肇庆市市委书记，现任广东省委常委、宣传部部长林雄向谢志峰先生提出让这批古端名砚永久回归砚都藏展的建议。谢志峰先生慷慨应允。对此，肇庆市市委、市政府高度重视，指示文化部门安排专馆陈列。余于2008年9月奉调肇庆市文化广电新闻出版局工作，听了肇庆市博物馆馆长萧健玲女士关于此事的汇报后，即提议与市委常委陈以良等一起于2009年1月1日前往谢志峰先生家中表达谢意，商谈有关接赠事宜。

昔贤者有言："人有善愿，天必从之。"2009年2月28日，在肇庆市阅江楼隆重举行了"谢志峰王秋英伉俪捐赠古端砚仪式"，谢志峰先生偕夫人王秋英女士以及亲属一行，带着对首批捐赠116方古端砚的慷慨之情，莅临肇庆市博物馆参加了仪式。广东省人民政府原省长卢瑞华为"谢志峰藏古端砚馆"牌匾亲笔题字。在仪式上，余代表肇庆市文化广电新闻出版局、萧健玲女士代表肇庆市博物馆与谢志峰先生签订了《捐赠合同书》。肇庆市市委书记覃卫东代表市委、市政府向谢志峰伉俪回赠"盛德留芳"匾额，以彰显其义捐文物、惠泽砚都之精神。2009年12月，肇庆市人民政府授予谢志峰先生"荣誉市民"！

谢志峰先生节俭清廉，罄一生之积蓄，觅天下历代端溪名砚以藏之，现将这些珍宝都无私捐赠给肇庆，使这批历代古端砚回归砚都。中国砚都肇庆，正因为有了这批古端砚，才真正有了砚的灵魂！魂兮归来思壮举，肝胆相照铭心智。谢志峰先生甘于奉献的精神，余为之感动，敬佩不已。萧健玲女士在任肇庆市博物馆馆长的最后历程,参与并完成了谢志峰藏古端砚的接赠、布展、书稿撰写等工作。她对历史、对文化、对肇庆人民、对谢志峰先生本着高度负责的态度和严谨的治学精神,查阅了大量的典籍和资料,以佐证每一方端砚的史迹,其心迹可表、精神可嘉!现借萧健玲女士出版《谢志峰捐赠古端名砚精选》一书之际,不揣浅陋,写此为序,并为谢志峰先生义捐历代端溪名砚之举赋诗一首:"儒雅风骨度人寰,沧桑世事历心间。潮起潮落桅帆过,情怀高尚寄云天。鉴藏集萃数十年,千秋岁月在眼前。国宝归国还夙愿,观都万民传美言!"

2011 年 1 月

文化迎春春意浓

雄威尽抖的虎尾,劲摆出文化肇庆的桩桩盛事,画上了"十一五"炫目的句号——肇庆市和各县(市区)一批投资达总额五亿元的各种场馆建设先后拔地而起。市、县、镇、村四级公共文化服务网络建立并完善。文艺精品创作如火如荼,为市直文化系统一年捧回国家和省级奖项50多个;文化市场管理在全国先进中榜上有名;文化产业发展方兴未艾!这一切,预示着文化春天的到来!

活跃可人的兔年之春,万木葱茏,繁花似锦。从大年初一到初八,阳光明媚,春意盎然。肇庆城乡文化氛围非常深厚,从传统的龙狮舞、地方戏,到经久不衰的红歌舞,再到时尚的现代舞、街舞等,占据了城乡大大小小的文化广场和公园。

大年初一,当省市领导和肇庆的普通百姓一起手拉手跳起集体舞,令广场成千上万的群众热情高涨,心潮澎湃!是啊,新扩建的牌坊广场面积已增加了原有面积的2.5倍,加上主题公园的扩建面积,将达到10倍,即30万平方米。巨型舞台上近300平方米的LED屏产生的视觉冲击,足以令人震撼!

文化,是人类历史进程中物质财富和精神财富的总和。文化的魅力对人的影响,是任何力量不可比拟的。人民群众的基本公共文化权益,应该是均等的。这种文化权益的均等化,应该而且必须摆在各级党委政府的主要议事日程上。通过法律、行政和经济的手段去推进,这一点,肇庆市市委、市政府做到了,而且出手不凡!肇庆市的"三馆"建设已在"十一五"正式启动,在"十二五"蓝图上全部描绘。文化强市,已成为肇庆科学发展的又一主旋律。文化，对于整个国民经济而言，不但是"软实力"，而且是经济社会的"引领"和"重要支撑"。文化产业也将成为支柱产业。文化的春天正迎风而来。文化建设普惠全社会，更需要全社会的共同参与和大力支持。我们已经感受到了这种支持的力量。每一个文化工作者更是责无旁贷，当竭尽全力，集思广益，博取众长，彰显特色，共同营造文化的春天。

2011 年春

幸福肇庆（散文诗）

环顾地球北回归线，绝大部分地区都是荒漠秃岭、寸草不生。

当视线落在东经111°，这里却是一片绿海，四季如春。

神，宇宙神奇！上天把一个硕大的盆景放置在北回归线。

巧，巧夺天工！盆景有山、有水、有森林、有美色。

风调、雨顺、吉祥。太多的遐想，让这里成为岭南文化发祥地、北回归线绿荫地。

西江，名城母亲河，波涛激起的浪花像跳跃的音符，随着时光老人挥舞的节拍，大小和弦或急或缓地律动着，跃过上古的原始、跃过唐宋的盛强、跃过明清的跌荡，跃进新中国五星红旗在乐曲声中飞扬。一路欢歌、一路奔流，奔流着21世纪恢宏的交响。

肇庆，吉祥喜庆的开始，一个注定永远值得喜庆的历史名城。

肇庆，一个让芸芸众生享受幸福的地方，是大地母亲赐予的幸福。

中共中央政治局委员、广东省委书记汪洋高度赞扬肇庆："政通人和，蒸蒸日上，长足进步，奋发有为。"

政通人和

春来了。

春，来到了广东省中西部的西江中游；来到了珠江三角洲地区连接大西南的重要窗口；来到了历史悠久、资源丰富、生态优美、区位优势得天独厚的地方；来到了国家历史文化名城、中国优秀旅游城市、来到了中国"长安杯"永久落户的城市；来到了中国最具投资吸引力的城市。

春有声。春风从远方吹着风笛到来的时候，宋城墙上旌旗猎猎，崇禧塔风铃摇曳，披云楼仙鹤引项；春风迎着时令化作细雨的时候，鼎湖山万绿"滴嗒"，西江水千涛拍岸，阅江红楼木棉枝叶舒展得"吱吱呀呀"。

春有色。春光金华灿灿，照耀江河，照耀山岭，照耀城乡，照耀名城每一片沃土。

春有意。春意是天意、地意、神意；春意是人意、爱意、情意。春意浓浓、春意融融、春意盎然。

春有图。春之图是春风、春雨、春光、春意融合的大手笔，是浓墨重彩的形象铺陈，是造福人间的现实构想。

"全面落实科学发展观，为建设繁荣活力文明法治和谐安康生态环保肇庆而努力奋斗"，这是肇庆市委市政府吹响的前进号角！这是划时代的宏伟目标！

政通人和，目标就是方向，就能凝聚力量。

"高举中国特色社会主义伟大旗帜"，"以科学发展观统领经济社会发展全局"，"解放思想，转变观念，深入改革"，"加快构建社会主义和谐社会"，"抓住机遇、加油鼓劲、乘势而上、加快发展、跨越发展、科学发展"。

强有力的号召，顿时激起潮百丈。那潮，一浪高过一浪，一层更上一层。同心同德，奋力拼搏，与时俱进，开拓进取。掷地有声的豪言在西江上空回荡，在羚羊峡回响，在生命之树久久回旋。发展、发展、谋求发展、快速发展。四百万肇庆儿女同心同德。

融入珠三角，实现跨世纪的梦想，英雄的肇庆人民整装出发。

"双转移"战略是省委省政府给予肇庆人民大展宏图的机遇，当市领导通过"赶考"捧回"双转移"项目扶持资金的同时，更抓住了跨越发展的无限商机。

名城肇庆，春风水暖、春光明媚、春色满园。

蒸蒸日上

夏日艳阳。

名城宽阔旷达的文化广场，牌坊上"七星岩"三个大字在阳光的照射下金光闪闪，格外耀眼。闪耀着朱德元帅刚劲豪迈的气概，闪耀着领袖对名城的关心和对人民鱼水般的情怀。

进入七星岩牌坊，那银波鳞鳞的星湖水又让人不由自主地将叶剑英元帅的诗词脱口而出。

> 借得西湖水一圜，
> 更移阳朔七堆山。
> 堤边添上丝丝柳，
> 画幅长留天地间。

星湖水在夏日吟诵，在夏日欢歌，在夏日的热浪中蒸腾……

肇庆的发展和各项事业蒸蒸日上！

决策者的智慧、目光和创新意识，敲响了名城的黄钟大吕，引领西江百舸争流、千船进击、万舟离弦。高亢的号子震撼着鸡笼山、龟顶山、马安山，穿越三榕峡、大鼎峡、羚羊峡。

这是静默中传来的天籁之声，一鸣惊人。

"挑战与机遇并存，困难和希望同在"。

大手笔策划、高起点建设，昔日三万平方米的牌坊广场，豁然变成三十万平方米；昔日人烟稀少的龟顶山，如今徒然变出现代新城的雏形；更有穿过肇庆境内的南广铁路、贵广铁路、二广高速、江肇高速、珠三角城际轻轨全面动工并逐步建成；西江黄金水道日夜奔忙，泛彩流金……

当天上的北斗在夏夜的蝉鸣声中与地上的七星遥相呼应的时候，天地间一片灿烂，名城再也掩饰不住缤纷四溢的光芒。

那是夜幕的蒸腾，那是星空托起的彩练！

拉紧桅杆，扬帆起航，融入珠三角。

开足马力，乘风破浪，出海去远方。

实施"工业主导、重大项目带动、三产旺市、科教兴市和人才强市、区域协调发展"五大战略。

肇庆踏上发展的快车道。

中心板块：旅游，特色优势；商贸，地域优势；房地产，花园式、功能性、高档次的住宅小区和旅游度假区拔地而起，形成最适宜旅游的花园式风景旅游城市、最适宜居住的生态型山水城市、最适宜创业的现代化大城市的基本框架；建成"一江两岸"超百万人口的区域性中心大城市的基本框架。

东南板块：依托突出有利区位，工业经济迅速崛起，成为承接珠江三角洲和外国产业转移的主要名地。

山区板块：明显的本地资源，为大力发展具有地方特色的支柱产业提供便利条件。

端州，聚集人流、物流、资金流、信息流的载体功能，发展城市经济和加快建设先导区域，对接广佛地区产业转移。"中国砚都"的名片越凿越响、越雕越美、越擦越亮。

鼎湖，纵横交错的新交通网使这里变成"魔方"、变成"磁铁"。在绿洲交汇的港口运输，承载物流链条的江水，繁忙得像源源的瀑布，像飞溅的飘雪，一泻千里，名振四方。

高要，城市经济和园区经济使财税综合增长率连续两年在南粤摘冠，民营经济走专业路，县域经济的排头兵。花香、菜香、鱼米之乡；山灵、水灵、人杰地灵。红木雕刻着富裕，席席编织出图腾的彩云。

四会，多条江相汇，多种经济形式共存。以市场为导向，以效益为中心，地方经济迅猛发展。古为百越地，今为百强城。玉无瑕却有缘，玉器生产带来了平安、吉祥、腾飞。具有四百多年生产历史的沙糖桔挂满枝头、铺满城乡、远走天边。不可多得的夏橙，把空气沁染得蜜甜。

德庆，借龙母的恩施，更凭人民的力量，丰富的土资源，优质的水资源，优良的环境条件，为珠三角产业转移打造载体。巴戟、首乌，健体;绿茶、贡柑,养颜。五千年中华文明在孔庙学宫发扬,走出一批批现代学子和社会栋梁。

封开,最早的岭南首府,深厚的文化底蕴。广信园昭示着特色文化推动特色经济;天下第一大斑石寓意着丰腴的岩层结构。华润水泥熟料新型干法水泥生产线,穿越沉睡的老峰古岭,唤醒深居的翡禽翠鸟,激活垂暮的丛林野卉,一齐向着夏日的朝霞,沐浴阳光。"一个大项目带动一个山区县大发展不是梦!"

广宁,竹海茫茫,名不虚传。夯实林浆纸产业的经济基石,打造宜居宜业宜游生态竹乡。"劈山要地"、"再造一城",愚公移山已不是神话,实为21世纪的奇迹。座座楼盘像雨后春笋般拔地而起。竹乡不再贫瘠,竹乡不再封闭,竹乡一片新绿。

怀集,从茂密的大山走出来,从旧式的传统走过来,从单一的农业生产模式走向农、林、牧、渔全面发展。深埋了几亿年的宝藏终于见到天日,神秘地说:这里是个聚宝盆;十万只金丝燕展翅高飞,骄傲地宣布:这是我们的家,世外桃源。

大旺高新区,影响大、事业旺、起点高、观念新。新型、新景、新星,一个全新的区域为肇庆经济发展注入了新的血液、新的活力、新的广阔空间,并雄健地跃上——国家级。

"政通人和,蒸蒸日上,长足进步,奋发有为!"上级领导的肯定,亲切、温暖,是鼓励、是鼓舞、是鼓劲,鼓起肇庆发展的十足干劲。

太阳烤热了季节,烤热了名城。名城热浪滚滚、热火朝天、热情高涨。这是建设的热情,是拼搏的热情,是发展的热情,是奔向更加美好未来的热情。

名城的夏,明朗的夏,别样的夏。

长足进步

秋真美。

秋天的步伐是那么的爽朗、那么的豪迈!

奔向远山——那柑、那桔、那橙,点缀出辉煌的色彩。

奔向田野——那沉甸甸的稻穗摇曳着，向天致意，向地叩拜，向勤奋者鞠躬。

天滋润，地养育，人劳作，定丰收。天地人和，天道酬勤。

万顷良田的子民簇拥着从旷野涌来，拱起层层稻浪，由远到近，由黄变金。金光灿灿，遍地金光。

秋，被染成金色，发出收获的信息。

金秋，收获劳动，收获季节；收获汗水，收获喜悦；收获付出，收获成就；收获星辰，收获日月。

公元2009年，《珠江三角洲地区改革发展规划纲要》使名城肇庆首次从国家层面被整体纳入珠三角主体城市。

肇庆实现跨越，名城众望所归。

"两个尽快"、"两个成为"——

"尽快实现GDP超千亿元，尽快成为名副其实的珠三角城市"。

"成为未来广东发展的新增长极，成为能够代表广东科学发展成果的城市"。

省委省政府的寄望与要求振彻心扉、振聋发聩、催人奋进！

这也是肇庆广大人民群众的呼声，如西江浪潮。

新的要求、新的高度、新的方向、新的力量。

又恰似一股强劲的风、一声旱天的雷、一场及时的雨、一道亮目的光，融入珠三角，不是终结地。

融入珠三角，更有大目标；融入珠三角，连接大西南；融入珠三角，服务粤港澳。

名城有能力，名城有智谋，名城有条件成为科学发展观统领下最年轻、最先进的现代化新兴城市。

随着"广佛肇"经济圈合作框架协议的签署，名城开始了新一轮的战略步骤。

千载难逢的机遇，谁能错过。

各种渠道谋发展，多种形式求发展，并肩携手建名城。

打开城门，走出去。

走出肇庆，走出广东，走出中国，走出亚洲，踏遍五湖四海，架设沟通的桥梁，铺设友谊的道路，播放七色的彩球。

深圳文博会，龙母、包拯、六祖惠能、莫宣卿、利玛窦演绎"肇庆一家人"。"他们"联姻了100多个文化项目，揽回了20多亿发展资金，同时把肇庆人热情饱满、文明礼貌的形象展示在世人面前，让名城的历史渊源、人文资源与世界接壤，充分体现了名城的文化底蕴、兼容品格、和善谐音。

于是，更多的人知道了名城，知道了名城更多的事：

河神龙母的家在德庆悦城。德庆不但是西江岸边的风水宝地，如今是经济发达的山区、名城旅游胜地。母仪龙德，福泽后人。

"怀会止藏"。禅宗六祖遵从师傅的别嘱，在四会、怀集深居数年，弘扬"见性成佛"、"众生平等"，其和平思想世代闪烁，为经济发展营造和谐氛围。

岭南第一状元郎出在封开。唐代17岁的莫宣卿为名城的人才教育树立了楷模。名城人杰地灵，英雄辈出。

被世传为"青天大人"的包拯，北宋时期在名城任职三年，清正廉洁，爱民如子，离任时"不持一砚"，古往今来被传为佳话。名城明镜高悬，代传清正之风，秉持廉明之气，人心所向。

中西文化第一人。意大利籍的利玛窦不知是久仰慕名，还是先知先觉，明代就落户名城传教。从此，中西方文化开始交流；从此，中国有了地球仪、自鸣钟、望远镜，世界上有了第一张中文地图。

龙母恩泽地、六祖顿悟地、状元开宗地、包公成名地、中西文化融汇地、"五教"并存和谐地，哪里还有比这更吸引人的地方?!

筑巢引凤，请君迈进。

金秋是最好的待客时候。

名城铺满了鲜花、摆满了美酒、敞开了胸怀、张开了双臂。

真挚，是最诚意的邀请。

热情，是最完美的表达。

来吧，朋友，请到名城肇庆来。来做客、来过年、来旅游、来创业、来发展、来安家。

来了,世界各地好友,祖国各地亲朋,粤、港、澳兄弟姐妹。

来了,来看名城名片名砚,复评后的砚都是否有更多更好的佳品在世界文化舞台上展现;来看鼎湖山飞水潭身姿是否依然,那层出不穷的生命是否被墨绿染得更厚更浓;来看七星岩摩崖石刻的千年题记是否招揽众多的海内外游客;来看名贵的丹顶鹤是否添丁加口、家族兴旺;来看千里旅游画廊是否又增新的景点景区、景色美不胜收。

来了,金秋经贸洽谈会如期召开,八方宾朋履约相聚、交新叙旧。

继承、接力、传递,跨越发展的先行模式。

奠基、剪裁、签约,一年比一年好的收效。

外资企业1300多家落户名城,民资大量涌入肇庆,使这道经贸实景成为保增长、促发展的生力军。

2010年,那个金秋的夜晚,名城的天空腾响出千姿百态、五光十色的艳丽火花,星湖水面碧波荡漾起涟漪绽开的欢乐浪花。

那焰火,是北京奥委会奔放的光环,是上海世博会华丽的霓虹,是广州亚运会永不熄灭的粤影塔灯。

那焰火,是名城之光,是名城科学发展之光、团结拼搏之光、不断进取之光、生生不息之光。

那焰火,在金秋点燃,在金秋升腾,在金秋怒绽,在金秋永恒,永远把名城的上空照亮。

于是,肇庆人民的步伐更加豪迈、更加坚定!

奋发有为

冬日暖阳。

肇庆——通往幸福的快车!

二广高速公路肇庆至怀集段全长118公里,投资84亿多元,能够满足粤西北及肇庆地区社会经济发展需要;国道321、324线,广肇高速,江肇高速,广茂铁路贯穿肇庆全境;西江"黄金水道"3000吨轮船通达江海;广佛肇城际轻轨,形成了铁、公、水多层次、多元化、立体式的交通网络,成功打造广佛肇一小时经济生活圈,使肇庆东引西连的区域优势更加凸显。

"城市建设年"这一发展战略,把决策者、建设者和全体肇庆人民的心紧紧连在一起!

奋力拼搏、发奋有为。砚都大道、肇庆大道、星湖大道、信安大道,像神话般美丽地延伸……

大手笔改建七星岩牌坊广场、东门广场、波海公园,无疑给美丽动人的星湖重新梳妆。

市第一人民医院新院、市图书馆新馆、市文化创意大厦,在隆隆的机器声中拔地擎天。

肇庆历史上最浩大的防洪工程——景丰联围,牢牢地拴住了西江巨龙。人心被建设热潮裹暖,人心被优良环境围暖,人心被人心温暖。

为肇庆发展团结拼搏的带头人,率先垂范,带领肇庆儿女战胜台风、战胜洪水、战胜国际经济危机,战胜各种艰难险阻,迎来满天的朝霞,迎来冬日的阳光。

阳光下,社会主义市场经济体制更加完善,国民经济发展又快又好。

阳光下,社会主义核心价值体系建设得到加强,公共服务设施水平整体提高。社会保障日益提高。

阳光下,惠民政策不断出台完善。"职业技能培训工程、教育均衡发展工程、便民廉医工程、全民安居工程、生产生活环境改造工程"五大民生工程的逐一兑现,让人民群众充分享受改革发展的伟大成果。

阳光下,经济建设、政治建设、文化建设和社会建设同步发展、协调发展。建设文化强市的旋律奏得更响,步伐迈得更快,文化资源实现全民共享。精神文明建设"五个一"工程屡屡获奖,岭南文化十大名片端砚榜上有名,为名城锦上添花。

阳光下,满城喜气洋洋。五颜六色的彩灯形式多样、造型美观、故事丰富、形象生动,为冬日的名城增添了无尽的暖意与无限的生机。

阳光下,人们心情舒畅。低碳环境让空气清新,景色优雅。一条新的生命线——生态绿道网环绕城乡，交汇成条块横贯的健康道、和谐道、平安道。

肇庆人民开创畅通无阻的宽广路，GDP超亿元速度和财政收入增长速度在全省第一的排行，名城欣欣向荣，走上共同富裕的康庄大道。

肇庆——通往幸福的快车已经启动，正在加速！

肇庆从来没有像现在这样朝气蓬勃，从来没有像现在这样充满活力，从来没有像现在这样大手笔地谋划城市建设，从来没有这样多的人来来往往，从来没有成千上万的老百姓如此地放歌纵舞，感受——幸福！

2011年1月25日

本文合作者为李粤庆

文化创意凸显时空转换

文化创意是通过独特的创造力和想象力,把所有的文化元素进行整合并按一定规律乃至打破规律凸显时序和空间转换而重新排列,使之成为新的具有视觉和听觉冲击力的集合体。文化创意产业是以创意为核心,以文化为灵魂,以科技为支撑,以知识产权的开发和运用为主体的知识密集型、智慧主导型的新兴产业,被公认为全球经济一体化时代的"朝阳产业"。

一、文化创意融通华夏古今文化创意,自古以来就有之。在人类发展的历史长河中,处处闪耀着劳动人民在生产生活实践中迸发出来的智慧和创意。新石器时代劳动人民创造的石斧、石锛、石凿、石铲、磨盘、石锤等各种工具不仅大大提高了生产力,而且凸显工艺美术创意。中国古代四大发明以及地动仪、浑天仪等都是智慧和灵感结合的创意结晶。人类从刀耕火种到精耕细作,植五谷、尝百草、事稼穑,创造了灿烂的农耕文明,在这个漫长的历程中发明的木石农具、瓷器制造、丝绸编织、金属冶铸等生产工具和生产技术,无不体现出力量、速度和美感等创意。

文化创意曾经被思想的枷锁禁锢得无以发挥。"文革"十年浩劫,把万紫千红"革"掉了,把人们的创意也"革"掉了,大地只剩下红色、绿色和土灰色,人们手里拿着的是同一个红本本,生活枯燥无味,头脑空洞单调……形而上学的思想,使人们墨守成规,只能用孤立、静止、片面、表面的观点去看待事物,无法提出创意,那时工厂的工人为了打发八小时,"自愿"用手工锯100毫米的铁棒,且周而复始,哪有

"创意"可言！

文化创意，在三十多年改革开放历程中得到了巨大的释放和发挥，体制机制的改革创新，成为推动文化创意产业发展的有利条件和有力保障，极大地解放了文化生产力，文化产业迎来了万紫千红的春天，呈现出充满生机的新的发展景观。央视财经频道开辟《创意中国星》栏目，在节目中创意人和投资人双向选择，双方成功"牵手"的比例达到五成以上，创业金投入总额达到近6000万元。从前默默无闻的文化产业正在中国大地蓬勃兴起，目前上海文化产业增加值占到GDP的6%，北京更是高达10%，文化产业正发展成为各地的支柱产业。

二、文化创意产业彰显时代魅力。文化创意，在新的历史时期被赋予了新的使命。在各国综合国力竞争日益激烈的情势下，文化创意产业更有不可替代的作用。大力发展文化创意产业，是贯彻落实科学发展观的重要举措，是调整产业结构、扩大内需、刺激就业、加快转变经济发展方式、保持经济持续发展的战略选择。

首先，文化创意产业越来越凸显其作为经济"助推器"的巨大作用，其增加值占GDP的比重越来越大。纵览全球，在主要发达国家中文化创意产业在GDP中的比重已经达到了10%以上。据相关资料显示，在全世界文化创意产业每天要创造出220亿美元的价值，并以5%的速度递增，尤其是在发达国家，众多创意产品、营销、服务吸引了全世界的眼球，形成了一股巨大的创意经济浪潮，席卷世界。现在，美国的文化产业年收入在其GDP中已占到25%的比重，电影、图书、音乐、动画、游戏、体育、主题公园及其衍生产品的开发与销售已成为美国国力的象征。全球有史以来最卖座的电影《阿凡达》25天内席卷全球18亿美元票房，并且这一数字还将继续攀升，成就了人类历史上最大一单电影生意，一部3D电影让全世界领略了文化创意产业的巨大魔力。从《泰坦尼克号》到《达·芬奇的密码》再到《阿凡达》，均体现出美国创意文化产业的强大实力。

其次，文化创意产业可有效地应对和化解金融危机，它往往能逆势上扬，出奇制胜，独领风骚。历史经验表明，经济危机或萧条时期往往正是文化产业得以发展与繁荣的机遇期。凡是有创意的文化产品，只要配合适当的营销策略，定能风靡市场。因金融危机引起的产业结构调整大量员工失业而成为特定时期的消费群体，这时，文化创意产业及其产生的文化消费市场就更为凸显它的地位和作用。为应对20世纪90年代亚洲金融危机的冲击，日本、韩国对经济结构进行大规模调整，走上以文化产业刺激内需、拉动出口的发展之路。日本动漫产业占国内生产总值的比例节节高升，对美出口额是其钢铁出口额的四倍。韩国在1997年金融危机期间，对于外向型经济带来的国民经济脆弱问题进行了深刻反思，认识到发展文化产业对于增强国家经济和核心国际竞争力的重大价值，于1998年提出"文化立国"方针，确定发展文化产业的重要战略选择，使韩国在短短几年时间内一跃成为文化产业强国。

第三，文化创意产业是一个极富创造力的产业，十分注重发挥人的主观能动性。创意不是对传统文化的简单复制，而是依靠创意人才的智慧、灵感和想象力，借助于高科技对各种传统文化资源进行再创造、再提高，创意人通过自己的创意、分析、判断、综合、设计来创造产品巨大的附加价值。同时创意产业更注重发挥群体思想者的智慧，让他们在同一时空思想火花大碰撞，从而让不同的学科、不同的领域、不同的文化元素重新排列，产生新的理念、新的创意、新的产品。省委书记汪洋在考察佛山创意产业园时对新型环保成果"夜光砖"给予高度评价："这个产品创意很不错，科技含量高，不但薄，还能发光，既节能环保又奇特美观。"对文化创意人运用群体智慧创造出新的理念和新的设计给予充分肯定："你们在做一件翻天覆地的事业！"

三、肇庆文化创意产业亟待时空转换。历史文化资源和自然资源都非常丰厚的肇庆，在文化强省和文化强市建设中，大力发展文化创意产业正逢其时。作为文化行政主管部门，应更多地从政策引导、市场培育、人才培养、各种资源整合，尤其是文化创意的催化等方面下大力气。创意的基本理念和资源整合亟待时空转换，即他山之玉，可以辅砚，砚为玉使，玉为砚用，砚玉辉映，共铸辉煌。肇庆发展文化创意产业具有得天独厚的优势，潜力巨大，主要体现在五个方面：

一是人文历史资源丰富。肇庆是国家历史文化名城,是广府文化、客家文化、少数民族文化交融升华的地方,是中西文化最早的交汇点,是"五教"并存和谐共生的地方,是六祖惠能禅宗文化最早播洒惠泽的地方,是山水文化秀美而灵动的地方,是包公文化、龙母文化、端砚文化、玉器文化、竹子文化、红木文化、金燕文化交相辉映的地方,如此众多的特色文化,使肇庆拥有丰富的文化元素。

二是区位优势突出。肇庆地处珠三角与粤西北的连接带,是联通港澳台、珠三角和中国大西南的咽喉。广佛肇文化圈的构建,为肇庆的文化创意产业提供了更为广阔的平台,也为文化创意的孕育、产生和特色工艺的交流提升提供了互动的空间。如端砚的设计、制作、包装等,完全可以引入佛山陶瓷、广州广绣等设计理念和工艺技能,从而提高端砚的附加值和知名度。

三是自然生态良好。肇庆得天独厚的自然风光与璀璨纷呈的人文景观交相辉映,是名闻遐迩的国家级园林城市、旅游城市。加之工业起步相对迟缓使肇庆原生态的自然资源和自然环境得到了充分保护。

四是文化产业发展有基础。文化旅游业、工艺美术业、传媒出版业、文化用品制造业、演艺娱乐业、网络信息业等产业兴旺发达,形成了"中国砚都"、"中国玉器之乡"等文化品牌。近年来,在文化强市战略的强势推动下,我市文化产业得到快速发展,2010年全市文化产业增加值占GDP的3.5%。

五是有政策支撑。肇庆市市委、市政府贯彻省委省政府部署,大力实施"文化强市"战略,出台了《肇庆市文化强市建设大纲》,从一个地区的高层决策上给予了文化产业的最大支持。文化产业扶持资金从每年200万元一跃升为1000万元。省文化产业发展资金也对肇庆文化产业给予有力的扶持,仅去年我市就获得省文化产业扶持资金800万元。同时,在建或准备建设的市级图书馆、博物馆、文化馆、文化艺术中心、文化创意大厦都将提供良好的文化创意空间和创作场所。

但从总体上讲,肇庆文化产业仍处于起步阶段,基础薄弱,产业规模小,集约化程度低,市场化程度低,名牌产品少,市场竞争力低,经济效益不高。在新的历史时期，肇庆要围绕建设"文化强市"的战略目标，以新的视野、理念和思路谋划推动文化产业发展，努力将文化产业打造成新的支柱产业，争取成为"广东省文化产业重点示范区"。

一要做大做强传统文化产业。大力发展文化旅游业，加快文化和旅游的融合，打造"一城两廊"文化旅游带、西江文化走廊、绥江文化走廊，开发建设梅庵、阅江楼、崇禧塔、宋城四大历史文化景区，把肇庆打造成国际化旅游休闲之都；发展工艺美术业，重点开发端砚、玉器、木雕、竹雕、根雕等传统工艺品种，建立一批工艺美术产业园区；发展文化用品制造业，重点发展广宁鼎丰纸业、江南纸业、中盛纸业、中顺纸业、四会华声乐器等文化用品制造企业；发展印刷复制业，推动出版物印刷、包装等企业发展壮大，建成若干各具特色、技术先进的印刷复制基地；大力发展艺术培训业，推动肇庆学院设立黎雄才美术学院，发挥肇庆职业技术教育培训基地的优势，在高职中开设各类文化艺术培训班，使之成为新兴文化产业培训基地。

二要实施重大项目带动战略。重点加快推动中国砚都（肇庆）端砚特色文化集聚园、肇庆古宋城保护与开发项目、中国砚文化博览园、全国"文房四宝"产品集散地、古村落保护与开发、广宁竹博园、怀集六祖禅宗文化园、封开广信文化园等一批重大文化产业项目。目前，"肇庆砚洲岛生态文化创意中心"项目被《广东省国民经济和社会发展第十二五年规划纲要》列为全省重大文化产业项目之一，将从全省的层面得到强有力的推动。

三要积极发展新兴文化创意产业。加强文化与科技融合，利用肇庆学院、中巴软件园、肇庆科技学院、肇庆工商学院等技术服务平台，依托文化创意大厦，重点发展以创意为核心的平面传媒、广播影视、出版发行、演艺娱乐、动漫网游、广告设计等新兴文化创意产业。建设砚洲岛影视基地、高要黎槎古村影视基地、封开封川古城影视基地，积极培育影视制作、发行、播映和衍生产品开发等产业。

四要大力发展文化会展业。配合肇庆打造"东方日内瓦"战略的实施，充分发挥肇庆区域优势，积极举办具有全国乃至国际影响力的文化会展，努力建成国际级会展中心。加快肇庆国际会展中心规划建设，打造中国砚文化博览园，提升端州文房四宝展览中心、四会玉器博览城、广东国际赛车场、黎雄才艺术展览馆、广宁竹博园等会展场馆建设水平，重点支持举办中国砚都文房四宝博览交易会、玉器珠宝文化博览会、金饰制品交易会、国际汽车展览会、岭南水墨画博览交易会等大型专业会展活动。

2011年2月15日

怀宝迷邦今何求？

《肇庆都市报》记者陈洁以敏锐的笔触和锲而不舍的精神，续两年前《"六祖十五年之争"出路何在》之宏大的课题，涉猎怀集、四会、端州（梅庵）、新兴乃至广宁、德庆等地之"六祖说"，有几个地方均说六祖在本县域禅修十五年！该文的作者感叹道："这'整合'的路该怎么走？无论是全市范围内的研究或以市为统一牵头的活动至今仍没有。"其情可鉴，其心可表！

一代伟人毛泽东称赞慧能将西方佛教中国化。慧能主张佛性人人皆有，顿悟即可成佛。唐代王维《六祖慧能禅师碑铭并序》中言慧能"怀宝迷邦，销声异域"。可见六祖慧能的思想没有拘泥束缚于西方的佛经，身怀五祖弘忍秘授的衣钵袈裟等宝物，却居无定所，以至"销声异域"。其衣食住行均与草民无异，甚至是疲于奔波，遁迹荒郊，以此得到僻静的禅修之地，观万物以存心迹，念时空以顿心门，终于悟道出《坛经》。

六祖慧能不争一席之地，以至史书记载、遗存印证或近年发现，禅宗之足迹踏遍怀集、四会、端州、新兴、黄梅、广州、韶关。近年更有广宁、德庆"发现禅宗遗迹"之说。自然，"三足之势"各据"十五年"！唉！史书不清，后人不明。试问诸君，谁见过、谁听过、谁考证过？六祖"隐修十五年"，已经够难忍了，还要六祖仅在你一个县固足隐修。试问，人生有几个十五年呀？而六祖参禅、诵经、弘法、插梅的新兴、端州、黄梅、广州、韶关等地，难道是坐火车或飞机可抵达那么容易吗？其实，每个人的经历都有类似的地方，你自己不是总会到附近的地方走走吗？每个地方待上一段时间，这才符合规律嘛！六祖也不会例外吧？！

各地的"六祖说"之争可休矣，应转向多挖掘、整理、考证六祖在当地的史迹、贡献、影响及其与周边地区的关联之处，承上启下、交相辉映、融汇升华，这才是治学尊禅之举。"怀宝迷邦"，不知王维之"迷"何解？依愚之见，六祖慧能不可能"迷邦"！因为慧能既能到达湖北黄梅，又岂能"迷"于广东。禅宗能遗迹肇庆各地，实为各地之幸！试想，如果一个人（哪怕是神），只在一地十五年之久而不动，那他的思想不僵化才怪了。这样的僵化思想，你要有何用？

常言道：开心见诚、开怀见性、开放见文。七星岩之石室岩洞口东侧刻有唐代文章家、书法家李邕的碑文《端州石室记》。本人自年幼至年迈，不断观之，却被一石柱围栏和铁丝网隔离。最近，星湖文管所将其围栏拆除，结果拆掉的石柱之处，又新发现一处碑刻！正是：文里见文，山外有山，不要有我无你。

肇庆市第十一次党代会强调：着力挖掘和弘扬六祖文化，擦亮"国家历史文化名城"名片，增强文化对外影响力。平心而论，抛开行政管理体制不说，单就地缘文脉而言，肇庆真有福气。方圆几百里，能让禅宗六祖涉足的地方竟如此之多。新兴、端州、怀集、四会、广宁、德庆，肯定还要算上高要，可谓"佛光普照"！这样的禅机，广东其他地区无可企及。既然如此，肇庆人，或者说肇庆各地的有识之士，就应精诚团结，携手合作，共同擦亮六祖文化名片！

今何求——以肇庆城区的梅庵为轴心，延伸至新兴国恩寺、六祖故居，四会六祖寺，怀集六祖岩、六祖禅院，及至广宁、德庆的遗迹，形成一条六祖文化禅心体验之旅——怀宝迷邦的慧能，一代禅宗，定会福荫肇庆的山山水水、黎民百姓。香火缭绕，佛光普照！善哉！伟哉！

2011年12月28日

砚石诗魂

——为《历代端砚诗赋广辑及注释》而写

2011年是肇庆市落实市委市政府推进文化强市战略的第一年。继去年端砚被评为"岭南文化十大名片"之后,中国砚都肇庆更释放出"踏天磨刀割紫云"的千秋豪气!历代文人墨客行云流水般的诗篇,在李护暖先生的悉心缀合下,穿越了时空的错位,整整齐齐汇集在"典籍出版年"的神圣平台,步入了肇庆市博物馆的系列丛书,光彩夺目地呈现在众人的面前——《历代端砚诗赋广辑及注释》。

李护暖先生的祖籍并非肇庆,而他从生活在滨海城镇台山的先辈们口口相传中,早已感悟到岭南文化三大民系中广府文化的博大精深。在对肇庆文史数十年探究的深厚积淀中,他对端砚文化情有独钟,如蜜蜂采百花之蜜一般,辛勤地采集历代文人为端砚而作的诗篇,他充满底气地说:"肇庆,就是广府文化的发祥地!"掷地有声的心迹袒露,是基于他对1800多年前汉代牟子《理惑论》的破译、诠释,是对中国佛家思想的形成以至禅宗六祖思想升华的深切感悟,感悟到肇庆名山大川无处不诗的文化氛围,感悟到紫云端石一石一诗的不朽情怀!

端砚,当它从唐代开始被列为朝廷贡品之时,便浸润了它登大雅之堂的雍容华贵,及至身入寻常百姓家的恬静闲适。而它背后的心血与智慧,却是历代肇庆人民的奉献。端砚是由高密度的水云母分子集聚而成,因而,可称为凝固的音律;为端砚而赋的诗,则可称为流动的画卷。端砚文化既是广府文化、岭南文化的奇葩,又是华夏文化的异果,可歌可泣，如幻如诗，令历代诗人欲罢不能。正是：笔锋起处凝诗魂，砚石留香传万世。

2011 年 9 月

升腾的龙年文化

龙——中国传统文化的图腾！龙——中华民族精神的象征！龙年——中国历法十二生肖中最尊崇的年号！

龙文化——泱泱华夏五千年文明与智慧的精髓，既是对人类历史、文化、进步的贡献，又傲立于世界各民族文化之林！

龙年文化——把古今中外一切文化之精华，在龙年汇聚、升腾！龙年伊始，肇庆——吉祥喜庆的开始——继获得国家历史文化名城、中国砚都、岭南文化发祥地、岭南文化十大名片之后，在南粤大地新的一波文化大潮中，又推上一个浪峰——被省内外乃至国家有关学术研究机构确认为"广府文化发祥地"，与"广佛发展地"、"粤港澳发扬地"共同散发出新的文化魅力！与客家文化、潮汕文化一起成为岭南文化三大民系、三大族群而使岭南文化形成"三足鼎立"、"三潭映月"的态势；更使全球7000万广府人有了一个寻根的萌愿和方向。

肇庆市第十一次党代会提出打造"中国宜居文化名城"，擦亮历史文化名片，挖掘弘扬广府文化、六祖文化、包公文化、龙母文化、端砚文化等；提出要把文化产业打造成支柱产业；提出要努力构建市、县、镇、村四级公共文化服务体系；提出要推进文化体制改革，创作更多的文艺精品。市政府把文化"三下乡"纳入十件惠民实事。在广东省第十一届人代会第五次会议上，省人大常委会接受了肇庆市的省人大代表提出的建议：支持肇庆市建设新博物馆！最近，省版权局决定在肇庆召开全省版权工作会议，充分肯定肇庆推进软件正版化等版权工作。省文化厅、省文化馆决定在肇庆召开广场排舞现场会，进一步引领和规范全省广场排舞。我们完全有理由相信，也完全可以预期：肇庆的文化强市建设，在市委、市政府的正确领导下，在全市人民的共同努力下，一定会取得新的更大的成就！

理想宏大须把握机遇，前途光明而道路艰辛。要把肇庆建设成为能够代表珠三角科学发展成果的城市，文化建设的成果无疑是重要的成果之一。要实现"两区引领两化"，无论是新型城市化还是新型工业化，都应该而且需要文化作为灵魂、引领和支撑。文化人当引吭高歌，文化人当倍加珍视，文化人当勤奋工作，文化人当殚精竭虑，文化人当承前启后，文化人当开拓创新，文化人当引领未来！龙年，我们将迎来市图书馆新馆的竣工开馆；龙年，我们将推进市博物馆新馆的动工兴建；龙年，我们将看到"文化三下乡"在肇庆大地开展得红红火火！

龙的传人，龙的故乡，龙的文化，龙母之光，将在龙年绽放异彩，奋力升腾！

2012 年 2 月 17 日

水文化浸润肇庆更璀璨

在自然界和人类历史长河中,水是人类每时每刻都依赖、依存、依靠的生命之源、百业之基。地球面积三分之二以上是水,而人类居住的地方三分之二以上缺水。庆幸的是,肇庆这个地方,古百越南蛮之地,水资源却十分丰富。先民们依山而居,依水而行,因水而兴。肇庆辉煌的历史文化也因水而来。

肇庆面积 1.5 万平方公里,全境蜿蜒流淌着西江、贺江、北江、绥江、新兴江五大江河,星罗棋布着众多的溪流、湖泊和山塘水库以及瀑布群,如星湖、鼎湖、九龙湖、金龙水库、盘龙峡库区、怀集三坑水库、广宁花山和中村水库等,成为广东省乃至全国水资源最丰富的城市之一,丰富的水资源孕育着一代又一代肇庆人以及肇庆的历史文化。

贺江之水流淌秦汉遗风。封开峒中岩发现的古人类牙齿化石,据测定为已有 14.8 万年历史,为广东最早的古人类牙齿化石。他们生活的环境依山傍水,与大自然和谐共生。到了新石器时代,封开的先民已经能用石器制造捕鱼的工具了。先秦时期开凿的灵渠,构筑了潇贺古道。秦兵平百越的同时,也带来了先进的中原文化。汉武帝颁布的"初开粤地宜广布恩信"的圣旨,使封开之地有了"广信"之称,也因此更有了"广信河以东为广东,广信河以西为广西"之说,进而封开成为史学界公认的"粤语发祥地"。

西江河畔,龙母祖庙千年香火不断。肇庆是个"五教并存"的地方,佛教、道教、伊斯兰教、基督教、天主教和谐共存。当人们自觉不自觉地信奉着某种教派的同时,也会虔诚地供奉位于德庆悦城的龙母祖庙。如同闽粤沿海一带供奉妈祖一样，珠三角及粤西一带、远至港澳甚至东南亚地区，都大有人不辞劳苦前来参拜龙母，日本人对龙母更是奉若神灵！母仪龙德，福泽后人，正是龙母祖庙愈千年而香火不断，越重洋更声名远播的真谛所在。

山湖城江，构筑肇庆亮丽的水文化。肇庆"八景"，山为魂，水为灵。星岩烟雨——透视出奇特与变幻，仙气与灵气；宝月荷香——散发出迷人的芬芳，怡人的恬静；白沙夜月——月色洒满沙滩，江水倒映明月；江楼晚眺——阅尽斜阳披染波涛，听见桨伴渔舟唱晚；羚峡归帆——迎江上清风，守望故人来；四塔擎天——为岭南绝景，作航标渡船；梅庵香雪——显现禅宗心迹，昭示万民景仰；披云鹤泪——纵观仙鹤驾云飞越古城，慨叹古今名城弹指千年！而这一切的因由皆依水而生，因水而起……水及其水文化，博大精深，亮丽纷呈。朱德、陈毅、叶剑英三位元帅以及老一辈革命家大都亲临肇庆，并写下了不朽篇章。叶剑英元帅的诗曰："借得西湖水一圜，更移阳朔七堆山。堤边添上丝丝柳，画幅长留天地间。"

江海连通，互相传递东方神韵与西方文明。肇庆境内226公里的西江河道，经下游直达南海。海陆丝绸之路对接点，承载着华夏文明和智慧，从西江中游起航，运送岭南佳果荔枝的水陆转运点，使封川古城有过昔日的繁华。西江北岸的肇庆、封开，曾在多个朝代成为岭南的政治、经济、文化和军事中心。特别是两广总督驻肇庆182年，为明清两个朝代肇庆的发展奠定了坚实的基础。利玛窦经江浙沿海而不得上岸之后，辗转澳门，最终来到中国大陆第一站——肇庆，成为沟通中西文化的第一人，传播、交流科学与文明。荣睿大师与鉴真大师共同推动的中日文化交流，鉴真大师先后六次东渡日本传授佛教。西江为中国革命也激起过滚滚洪流，孙中山、叶挺、邓兆祥等众多伟人、名人都曾在西江上叱咤风云，推动历史前进。在西江边成长的肇庆籍名人陈焕章、吴大猷等也都为文化和科技作出过卓越的贡献。

西江两岸，防洪大堤坚如磐石。历史上西江洪水泛滥不计其数。肇庆城池古来深受其害，清朝道光二十四年（1844），洪水漫境入城，水淹过七星岩石室岩洞口之上。新中国成立后，也曾多次水浸古城。肇庆市委市政府历来高度重视防洪工程建设。特别是近年来在建的40多公里景丰联围加固工程，总投资达9.8273亿元。西江肇庆段将成为广东省乃至国家战略中的黄金水道。肇庆的水文化也将伴随着这一浩大工程而延伸、升华。

河湖连通，逐步实现"东方日内瓦"的愿景。肇庆的水资源，尤其是独特的水系群网，以及肇庆这座城市的可塑性，令人遐想。早在20世纪60年代初，时任中南局第一书记陶铸同志就提出，"要把肇庆打造成东方日内瓦"！肇庆历届党委政府和肇庆人民不遗余力为之奋斗。60年代初，肇庆市党政军民齐动员，艰苦奋斗，出工出力，硬是把一片片烂泥塘开挖整理，围垦出现在总面积6.4平方公里的星湖。从此，这座城市更美丽更有灵性！改革开放以来，星湖更成为对外交往的一张亮丽的名片。如今，每年到肇庆观光的国内外游客，为改革开放之初的100多倍！为了使肇庆的天更蓝、山更青、水更绿，肇庆市市委、市人大、市政府一方面建立和完善水资源保护和管理的地方性法规；另一方面加大整治力度，加大基础设施建设。肇庆市第十一次党代会更提出了构筑"河湖连通"工程，引西江之水灌注星湖。环星湖的19公里绿道和各个广场、掩映绿树、现代楼宇，加上人们表现的东方文化魅力，已经有了"东方日内瓦"的雏形。展望未来，在市委、市政府的正确领导下，400万勤劳勇敢的肇庆人民将继往开来，不懈奋斗，用汗水和智慧把星湖装扮得更美，把城市建设得更美，把一座生态优美、山湖城江辉映、水系文化璀璨、宜居宜游宜创业、人民幸福美满的"东方日内瓦"呈现在世人面前！

2012年4月20日

端砚丹青缘一手

一方水土养一方人，一方翰墨飘一隅香……肇庆，这座国家历史文化名城、岭南文化发祥地、广府首府之根脉，地灵人杰，才俊辈出——汉代牟子著《理惑论》为中国第一部佛学专著；唐代岭南首魁莫宣卿名振华夏；宋徽宗赵佶登帝位后，赐"肇庆府"横匾，从此，使后人领略瘦金体之风采；明代肇庆知府王泮，成就了西洋画等西方文化与中华文化的交流；清代屈大均、全祖望、苏廷魁等更是工于治学研文；近当代，涌出了岭南画派之代表人物黎雄才，以及林丰俗、郝鹤君、陈永锵、李劲堃等大师。

肇庆的奇山秀水、奇峰异峦、奇岩怪石、奇才怪杰、奇花异木、奇闻趣事……外因与内因的结合，成就了一批既工于画又精于砚的艺术大师。他们生活在凸显岭南风光的古城内外，寻觅北回归线的绿洲之钻石，寻踪轩辕皇帝铸鼎之宝地，遥望封川古城秦兵沙场的烽烟，沉思黎槎八卦村的种种奥秘，荡漾在风光旖旎的星湖之万顷碧波……受之熏陶、浸润、耳濡目染，使他们以端砚磨出的上上之墨，挥就出耀眼夺目的丹青！又以画师独到的慧眼与遐想，构思、设计、雕刻出叹为观止的端砚！既成为优秀的画师，又成为优秀的制砚大师，犹如文武双全的将军，智勇俱备的剑客，随时随地游刃有余。端砚与丹青缘自一手，他们创作的惊世画作和传世端砚将永存大众心间。

广东画院美术馆、中共肇庆市委宣传部、肇庆市文化广电新闻出版局、肇庆市端砚协会联合主办《砚艺与书画特展》，首度将同一人之精品力作——既有画，又有砚；既可观之，又可触及，让人们品鉴、欣赏、交流。我们将陆续看到参展名家陈伟刚、梁弘健、刘演良、黎铿、张庆明等的名作,他们将展示手中的平面与立体佳作。这是美术与艺术的一次完美结合,这是精品展示的创新之路,这是文化强省和幸福广东的美好视觉!实为好事、幸事、喜事!难哉、善哉、伟哉!

2012年10月14日

"中国梦"蕴含着魅力无限的"文化梦"

"中国梦",是实现中华民族伟大复兴之梦;是国家富强之梦;是民族振兴之梦;是人民幸福之梦。"中国梦",蕴含着魅力无限、瑰丽多姿的"文化梦"。

文化,绽放魅力之光

建设文化强国,是"中国梦"的重要组成部分,"文化梦"让"中国梦"更富理想之光。文化建设作为十八大报告中的一项重要内容,历史性地被推向了一个新的高度。这表现在十八大报告提出了"推进社会主义文化强国建设"的思想和目标,表现在文化建设在整个社会发展中光芒四射。

文化是民族的血脉。有着上下五千年灿烂文化史的中国,被誉为四大文明古国之一的中国,实现国家富强、民族振兴的伟大梦想,实现中华民族文化复兴、成为文化强国,是其中的应有之意。因为,文化是一个民族的血脉,中华文明是至今四大文明中唯一没有断流的文明。传统文化,既是中华民族生生不息的精神源流,又是中华民族昂首阔步走向世界、实现民族复兴的精神动力。

文化是国家实力的象征与体现。文化既是软实力,又是硬实力。当它成为一种科学核心价值观时,它是精神动力、吸引力,是软实力。这种软实力来源于人们的生产、生活和社会活动,映像着一种思考力、思想力和竞争力。继承、弘扬、发展我国优秀传统文化可以保持中华民族的独立性，对于维系民族和文化的多样性具有积极作用。而文化的多样性和多元化既是经济、文明长足发展的内在动力，又是丰富物质世界的客观要求。当它转变为文化产业时，它又是物质生产力，是硬实力。

文化是人民的精神家园。文化既是人民信念、信仰之源，也是人民丰富生活之源。随着改革开放与人们物质生活的丰富发展，人们的精神生活显得越来越重要。促进社会主义文化大发展大繁荣，既是国家建设与社会发展的需要，也是人民群众的迫切要求。文化建设也是民生建设。十八大报告明确提出，文化建设要贴近实际、贴近生活、贴近群众，做到社会主义精神文明与物质文化全面发展。只有多创造百姓喜闻乐见、来源于百姓需求、让百姓亲切可感、可享用到的文化内容与文化形式，才是有活力、有生命力、有价值的文化内容与文化形式。

文化，凸显魅力之彩

"中国梦"的实现，既要靠经济建设，又要靠文化建设，通过文化的大发展大繁荣助推实现伟大的"中国梦"。结合肇庆的实际，我们要认真贯彻落实党的十八大精神，全面落实《中共中央关于深化文化体制改革，推动社会主义文化大发展大繁荣若干重大问题的决定》、《广东省建设文化强省规划纲要》和《肇庆市建设文化强市规划大纲（2011—2020年）》的部署要求，加大力度推进文化强市建设，大力提高公共文化服务水平，让先进文化在实现"中国梦"的征程上尽显华彩。

加快推进公共文化设施建设。按照市委、市政府的工作要求，抓紧推进市博物馆新馆（含广东端砚文化博物馆）、市文化馆等重点公共文化设施建设，力争在"十二五"期间全面完成各项市级重点文化建设项目。积极推动各县（市、区）加快各类公共文化设施建设，完成乡镇综合文化站、村级文化活动室建设，尽快建成符合国家和省要求的市、县、镇、村四级公共文化设施网络。

加强文化遗产保护开发。在完成全国第三次文物普查的基础上，全面开展第一次可移动文物普查工作，申报一批国家级、省级文物保护单位，对列入国家、省、市、县级文物保护单位进行全面保护和开发利用。加快推进肇庆古宋城保护与开发项目，抓好崇禧塔、阅江楼、梅庵等景区的扩建整治修复工程，着力打造展示广府文化、包公文化、龙母文化、状元文化、端砚文化、宋文化、红色文化为主体的岭南特色文化景区。

加快文化产业发展。加大文化招商力度，继续组织本地重大文化产业项目参加深圳文博会等招商活动。加快推进中国砚都（肇庆）端砚文化特色产业集聚园（砚洲岛、端砚文化村、羚羊峡砚坑）、肇庆古宋城保护与开发项目、肇庆市文化创意大厦、中巴软件园、四会玉器文化产业创意园、高要石洞养生文化产业园、怀集六祖禅宗文化旅游区、广宁竹海大观竹文化景区、德庆悦城龙母民俗文化园、封开广信文化园、大旺赛车城文化创意园区等重点文化产业项目，着力推动影视文化产业，打造一批国家级、省级文化产业示范基地。

文化， 奏响魅力之音

实现"中国梦"，需要思考、需要观念、需要规划、需要实践。这一切，都需要人民的团结统一、步调一致，这就需要节拍、需要音律。文化、文化梦、文化强国，将奏出时代的最强最富魅力之音。

扎实推进各类文化共享工程。按照构建城市"十分钟文化圈"和农村"十里文化圈"的要求，继续推进农家书屋工程、农村电影放映工程、广播电视"村村通"工程、文化信息共享工程等文化惠民工程，按期按质完成国家和省对上述工程下达给我市的指标任务。充分发挥"群众文化孵化中心"的作用，深入开展各类群众文化活动，全面提升公共文化产品和服务供给能力。

深化和创建文化品牌。广泛开展文化上山下乡（进社区）、肇庆读书节、肇庆少儿艺术花会、广场文艺活动、群众歌咏比赛、农民工歌唱大赛、节庆活动、公共图书馆服务、农家书屋提升工程等系列文化活动品牌。大力扶持艺术作品创作，提高本土艺术作品创作和表演水平。推广普及舞蹈、音乐、美术、书法等大众文化。

切实加强文化市场管理。按照"谁主管、谁负责"的原则,加强对文化市场的日常监管,切实履行监管职责,真正做到管理工作横向到边、纵向到底,不留死角。坚决开展"扫黄打非"等专项整治行动,重点加强对网吧接待未成年人、传播有害文化信息等违法违规行为的查处;切实加强对文化娱乐场所安全管理,防止重大安全事故发生,扎实推进创建平安文化市场,确保国家文化安全。

祖国富强是我们的梦想,人民幸福是我们的向往。"中国梦"归根到底是人民的梦,必须紧紧依靠人民来实现,必须不断为人民造福。让我们紧紧依靠全体人民的力量,齐心协力打造繁荣强盛的"文化梦",加强社会主义核心价值体系建设,着力推进社会主义先进文化建设,用先进文化引导社会思潮,引导社会情绪,分流精神压力,引领思想力量,汇聚并传递正能量,提高人民群众的文化幸福指数,万众一心,用勤劳和智慧,托起中华民族伟大复兴的"中国梦"。

2013 年 9 月 18 日

图书在版编目（CIP）数据

听涛：欧荣生诗文集/欧荣生著．—北京：文化艺术出版社，2013.10
ISBN 978-7-5039-5678-2

Ⅰ.①听… Ⅱ.①欧… Ⅲ.①诗集—中国—当代②散文集—中国—当代 Ⅳ.①I217.2

中国版本图书馆CIP数据核字（2013）第223531号

听涛——欧荣生诗文集

著　　者	欧荣生
责任编辑	斯　日
装帧设计	姚雪媛
出版发行	文化艺术出版社
地　　址	北京市东城区东四八条52号　100700
网　　址	www.whyscbs.com
电子信箱	whysbooks@263.net
电　　话	（010）84057666（总编室）　84057667（办公室） （010）84057691—84057699（发行部）
传　　真	（010）84057660（总编室）　84057670（办公室） （010）84057690（发行部）
经　　销	新华书店
印　　刷	国英印务有限公司
版　　次	2013年10月第1版 2013年10月第1次印刷
开　　本	787毫米×1092毫米　1/16
印　　张	15.25
字　　数	180千字
书　　号	ISBN 978-7-5039-5678-2
定　　价	36.00元

版权所有，侵权必究。印装错误，随时调换。